Piazza di S. Pietro in Vincola.

80

163

Anfiteatro di Tito, e Vespasia no, detto il Coliseo

Meta sudante

del Tempio d'Iside e Serapide.

Arco di Costantino.

235

Torre de Conti

Ruine dell Tempio della Pace.

75

Arco di Tito.

Vaccino.

282

Campo

125

155

Ruine del Tempio di Gio ue Statore

267

Arco di Settimio Seuero

197

Rätselbuch der
LANDKARTEN

Rätselspaß mit Karten, City-Plänen, Skylines & Flaggen

Philip Kiefer

RÄTSELREISE À LA CARTE!

Wer lässt sich schon gern in die Karten schauen? Nun, wir tun es und haben für Sie eine bunte Auswahl von Karten aus der ganzen Welt zusammengestellt. Lehnen Sie sich entspannt zurück und gehen Sie vom Sofa oder Ihrer Gartenbank aus auf eine Entdeckungsreise durch die ganze Welt. Durchstöbern Sie historische und moderne Karten, erforschen Sie das heiße Afrika und dringen Sie in die eisigen Welten der Antarktis vor.

Denn geografische Karten haben etwas sehr Faszinierendes, sie entführen in ferne Städte und Länder, ohne dass Sie Ihre Wohnung verlassen müssen. Die Karten lassen Sie vom Reisen und der Fremde träumen, aber nicht nur das: Sie bieten auch jede Menge Stoff für knifflige Wort- und Kartenrätsel. Freuen Sie sich auf eine Vielzahl abwechslungsreicher Fragen und auch auf die eine oder andere Überraschung.

Das Buch ist thematisch in sieben Kapitel sowie einen Lösungsteil gegliedert. In den einzelnen Kapiteln stellen wir Ihnen jeweils auf einer Doppelseite eine Karte vor, manchmal auch Skylines, Flaggen oder Länderumrisse. Dazu erhalten Sie dann allerlei Rätselfragen und Aufgaben, die es zu lösen gilt. Im Lösungsteil finden Sie nicht nur des Rätsels Lösung, sondern wir warten auch mit interessanten Zusatzinfos auf.

Aufgaben zu den folgenden Rätsel-Rubriken erwarten Sie:

- **Gucken Sie genau!** Bei dieser Rubrik geht es darum, die Augen zusammenzukneifen und bestimmte, manchmal etwas versteckte Örtlichkeiten auf einer Karte aufzuspüren.

- **Wer weiß was?** Bei diesen Aufgaben ist Ihr Wissen gefragt. Die Antworten bei diesem Quizspiel finden Sie auf der Karte.

- **Große Namen** Auch zu diversen Berühmtheiten haben wir Fragen an Sie. Denn wie beim bekannten roten Teppich kreuzt die Prominenz auch gern auf Karten auf.

- **Für Sprachgewandte** In dieser Rubrik gibt es Fragen rund um die Sprache – oder zu Fremdsprachen.

- **Zum Querdenken** Diese Rätsel sind besonders knifflig, denn Sie erfordern nicht nur Ihren Spürsinn und Ihr Wissen, sondern auch Ihre kreativen Fähigkeiten.

- **Gut in Form?** Manchmal zeigen wir Ihnen auch einen Kartenausschnitt und lassen Sie herausfinden, an welcher Stelle wir diesen der Karte entnommen haben.

- **Zählen Sie mal!** In dieser Rubrik ist äußerste Konzentration gefragt, denn Sie sollen die gesamte Karte nach bestimmten Elementen durchforsten – und keines soll dabei übersehen werden!

Dieses Rätselbuch lädt Sie dazu ein, dem Alltag zwischendurch Lebewohl zu sagen. Es trägt Sie – mit Karten von der Antarktis bis Zentralkalifornien – in ferne Länder sowie in längst vergangene Zeiten. Sie unternehmen eine Reise durch Italien und ganz Europa, befahren auf den Spuren großer Entdecker die Weltmeere und frieren auf Grönland genauso wie auf dem Mond. Auch eine Zeitmaschine haben Sie mit diesem Buch erworben, die Sie zu bekannten historischen Stätten trägt, etwa nach Ägypten, ins antike Gallien oder sogar ins biblische Paradies. Aber auch viele Spezial-Rätsel sind in unserem All-inclusive-Paket mit dabei: Blicken Sie auf die Skylines dieser Welt, puzzeln Sie an Ländern, erraten Sie lustige Flaggen oder erkennen Sie Staaten und Inseln allein anhand ihrer Umrisse ...

Bevor Sie nun gleich in das Wohnmobil steigen und zu Ihrem ersten Reiseziel starten, schauen Sie sich kurz in einem Überblick an, auf welche Kapitel-Themen Sie sich freuen dürfen:

- **Bella Italia!** Gondeln Sie von Venedig bis nach Sizilien durch eines der schönsten Länder Europas.

- **Auf Entdeckertour** Entdecken Sie in diesem Kapitel die Welt neu – vom hohen Norden bis ins ferne Indien oder südliche Afrika.

- **Eisige Welten** Gönnen Sie sich ein ganz großes Eis, zum Beispiel in der Antarktis, auf Grönland oder auf der Oberfläche des Mondes.

- **Europa à la carte** In diesem Kapitel wird Ihnen ein abwechslungsreiches Menü historischer und moderner Stadtpläne und Landkarten aus ganz Europa serviert.

- **Echt antik!** Mit einer Zeitmaschine fliegen Sie zurück ins Altertum – in paradiesische Zeiten genauso wie in die Zeit der Gladiatorenkämpfe.

- **Reif für die Insel** In diesem Kapitel entführen wir Sie auf die interessantesten Inseln rund um den Erdball.

- **Go West!** Schließlich rufen Sie wie die frühen Siedler auf ihrem Treck »Go West!« und reisen von Ost nach West quer durch die USA.

Sind Sie bereit und angeschnallt? Die Teeflasche ist frisch gefüllt beziehungsweise der Coffee-to-go gut verstaut? Dann kann es nun losgehen. Starten Sie Ihre Entdeckertour! Wir wünschen Ihnen viel Freude und Entdeckergeist beim Lösen der Landkartenrätsel.

Bella Italia!

Sehnen Sie sich nach ein wenig Dolce Vita, einem Cappuccino in Mailand, einer Gondeltour durch Venedig oder dem päpstlichen Segen im Vatikan? Besteigen Sie unser Wohnmobil und bereisen Sie Italien, ein Land, das kulturell, historisch und landschaftlich seinesgleichen sucht. Machen Sie Halt in der Toskana, am Golf von Neapel, in Sizilien und an vielen weiteren schönen Orten dieses Landes. Divertiti – haben Sie viel Vergnügen!

HERUMGONDELN IN VENEDIG

Manch einer behauptet, Venedig hätte den Kanal voll von den vielen Touristen, die dort herumgondeln. Selbst schuld, wenn man seine Stadt auf über 100 Inseln baut! Statten wir der historischen Altstadt Venedigs einen Besuch ab – und zwar auf einer historischen Karte aus dem Jahr 1838.

■ Gucken Sie genau!

1 Wo auf der Karte befindet sich der Markusturm?

2 Nun fahren Sie zwar nicht mit einer Gondel, aber dafür mit dem Zeigefinger den »Rio delle Colonne« entlang.

3 Zeigen Sie auf die Rialtobrücke, die wohl bekannteste Brücke Venedigs.

■ Große Namen

4 Finden Sie das bekannteste Lied des italienischen Sängers Rocco Granata.

5 Kennen Sie den Vornamen des legendären Frauenhelden Casanova? Zeigen Sie ihn auf der Karte.

6 Diese Aufgabe ist schwer wie Blei: Zeigen Sie auf einen Kanal, der wie ein italienischer Renaissancemaler lautet.

■ Für Sprachgewandte

7 Wo hält sich EMILE PARI auf? Lösen Sie das Anagramm, um es herauszufinden!

8 Wo auf der Karte geht es bürgerlich zu?

■ Zählen Sie mal!

9 Wie oft kommt auf der Karte das Wort »Rio« in ausgeschriebener Form vor?

REMMIDEMMI RUND UM RIMINI

*Rimini – das ist in erster Linie Badeurlaub an der Adria. Aber nicht nur: Altehr-
würdige Orte wie Ravenna oder die Republik San Marino laden zum Sightseeing ein.
Willkommen beim Remmidemmi rund um Rimini!*

▇ Gucken Sie genau!

1 Finden Sie den einzigen Campingplatz, der auf dieser Karte nicht östlich
von Ravenna gelegen ist.

2 Das SARS-Coronavirus versteckt sich wirklich überall: Suchen Sie auf
der Karte nach dem Örtchen Sarsina.

▇ Zum Querdenken

3 Hier residiert nicht der Papst, aber fast könnte man es meinen.

▇ Große Namen

4 Wo spielt die Musik? Finden Sie den Vornamen des Sängers
von »Azzurro«.

▇ Zählen Sie mal!

5 Wie viele Flüsse auf der Karte sind namentlich genannt?

6 Zählen Sie alle Flugplätze auf der Karte!

▇ Für Sprachgewandte

7 Silber steht gerade hoch im Kurs – schürfen Sie ein wenig davon!

▇ Wer weiß was?

8 Finden Sie auf der Karte den Namen der größten Agglomeration
in Italien.

SCHIEFE BLICKE AUF PISA

Pisa, nahe dem Ligurischen Meer gelegen, zählte im Mittelalter zu den vier Seefahrer-republiken Italiens. Der mittelalterliche Bau-Murks »Schiefer Turm« machte die Stadt zu einem Anziehungspunkt für Touris aus aller Welt – auch für uns!

Gucken Sie genau!

1 Ja, wo ist er denn nun, der Schiefe Turm von Pisa?

2 Naher Osten meets Pisa: Welcher Ländername lässt sich auf der Karte lesen?

Für Sprachgewandte

3 Welche Brücke über den Arno ist dem Namen nach aus Eisen?

4 Finden Sie auf der Karte schöne Frauen!

Zum Querdenken

5 Eine Pizza mit Tomaten und Käse bitte!

6 Eine Farbe aus Rot und Blau – suche Sie, dann wirst du schlau.

Große Namen

7 Suchen Sie auf der Karte den Namen eines italienischen Mathematikers, der im Mittelalter in Pisa lebte.

Zählen Sie mal!

8 Wie viele mit einem Kreuz gekennzeichnete Kirchen lassen sich auf der Karte am südlichen Ufer des Arno zählen?

CAPRI-SONNE BEI NAPOLI

Nun reisen wir zum Golf von Neapel, der Ihnen das geballte Italien bietet: schöne Städte und Strände, Inseln mit einem traumhaften Klima, Spaghetti Napoli und – zu allem Überfluss – noch den feurigen Vesuv und die Camorra.

Für Sprachgewandte

1 Finden Sie den »griechischen Turm«.

Zählen Sie mal!

2 Wie oft kann auf der Karte die Wortendung »num« gefunden werden?

Wer weiß was?

3 Wo auf der Karte befindet sich die »Hauptstadt Mallorcas«?

4 Nun suchen Sie eine russische Großfürstin.

5 Zeigen Sie auf das Castello Aragonese.

Gucken Sie genau!

6 Wo liegt die »Grotta Azzurra« – die Blaue Grotte?

7 Untergegangene Stadt und schwer zu lesen: Finden Sie Herculaneum!

Zum Querdenken

8 Stöbern Sie auf der Karte ein Musikinstrument auf.

CASERTA MADDALONI · NOLA

S.Angelo in formis · Polli · Cancello · Cimitile · Marzano · Liveri · Mig

S.Prisco · Casapulla · Recale · Saviano · S.Paolo · Palma · M.S.U. 750

Capua · Marcianisi · Pantano dell'Acerra · Marigliano · Marigli anella · Castello di Palma

RIA DI CAPUA · Briano · Regi La · ACERRA · Brusciano · S.Gennaro · Str

S.Tammaro · Caivano · Castello di Cisterna · Somma · OTTAIANO · S.Giuseppe

Casaluce · Teverola · Guigna no · Fratta · Pomigliano · S.Anastasia · Gesalnuovo · M.te Vesuvio 1200 · Poggio Marino · Terzigno

AVERSA · Trentola · Afragola · Pollena · BoscoReale · POMPEJI

Lusciano · Atella · S.Antimo · Grumo · Casoria · La Cerola · Poggio reale · Ponticelli · Bosco Treuse · Bosco Dreuse · Candiali

Giugliano · Melito · Mugnano · Miano · Barra · a.Crete · a.Crete · Candaldi

Quatiano · Marano · Capo di monte · S.Giovanni a Teduccio · Portici · Resina · Granatetto · TORRE DEL GRECO · Sc Revigliano · TORRE DELL'ANNUNZIATA · Staz.Centr. · CASTELLA

Monteleone · Piano di Quarto · Pianura · Camaldoli · Fuorigrotta · NAPOLI · NEAPEL, Neapolis · c.d'Orla · Poz

di Patria · M.Saudo · Campi · Phlegraei · Sannazzaro · Posilipo · C.o di Posilipo · Strato · GOLFO · VicoEquen · Punta di Scutor

M.Sarduo · Bagnoli · L.di Nisida (Nesis) · DI · Punta di Sorrento · Sorren

Torre di S.Severo · L.d'Averno · Cumae · Baja · Cast.di Bajae · Miseto · NAPOLI · (Surrentum) C.o di Sorrento · Capo di Massa · Massa Lubrense

L.di Fusaro · Bajae · Mte Procida · C.o Miseno (Misenum) · Bocca

Staz.di 1.r Gavell · Ter

Canale di Procida · Marina · Punta di Chiuppeto · Punta di Ricciola · Procida (Prochyta) · S.Maria del Socco · Vi · Marina g.a · Grotta azzurra · Capr

I.Vivara · P.Molina · Chiajolella · Canale d'Ischia · Anacapri · Capr · M.Sa

I.di Castiglione · della Scrofa · Bagni · Castello 180m · Ischia Pithecusa, Aenaria (Inarime) · ILA DI CAPRI · C.

ISCHIA · M.di Campagnano · M.di Vezza · Fonte · Testaccio · Marina di Maronti · Bocca Grande

STRASSENKARTE VON MESSINA

Die Straße von Messina ist die Meerenge zwischen dem italienischen Festland und Sizilien, der größten Insel Italiens und des Mittelmeers. Hier brodeln die süditalienische Hitze und einige Vulkane – und mit kniffligen Aufgaben wollen wir auch hier das Hirn zum Brodeln bringen.

■ Zählen Sie mal!

1 Wie viele Golfe zählen Sie auf der Karte?

2 Sehen Sie ausnahmsweise rot und zählen Sie die Aussichtspunkte.

■ Wer weiß was?

3 Entdecken Sie auf der Karte den Namensvetter einer in der Antike berühmten griechischen Stadt.

4 Ein Buchstabe weniger, dann wäre es eine spanische Großstadt.

■ Gucken Sie genau!

5 Zeigen Sie auf den Vulkan Stromboli.

6 Suchen Sie auf der Karte nach den »Isole dei Ciclopi«, den Zyklopeninseln.

7 Welcher »Mister« lässt sich auf der Karte finden?

■ Zum Querdenken

8 Finden Sie ein „päpstliches" Kap.

■ Für Sprachgewandte

9 Beweisen Sie Ihren sprachlichen Glanz, indem Sie diesen glänzenden Ort aufspüren.

WO LIEGT WAS IN ITALIEN?

Vor der Schönheit Italiens sind schon viele Menschen verstummt. Betrachten wir Italien einmal auf einer stummen Karte, das heißt auf einer Karte ohne jeglichen Eintrag. Finden Sie trotzdem die folgenden zehn Örtlichkeiten?

1 Zeichnen Sie die italienische Hauptstadt Rom ein.

2 Wo auf dieser stummen Karte befindet sich die Republik San Marino?

3 Nun suchen wir nach der Straße von Messina.

4 Wie heißt die mit einem Pfeil markierte Insel an der Westküste?

5 Statten Sie dem Gardasee einen Besuch ab.

6 Wo befindet sich Cagliari, die größte Stadt Sardiniens?

7 Zeigen Sie den Standort des Vulkans Ätna.

8 Den Papstgolf wollen wir nicht ersteigen, aber so etwas Ähnliches: Wir suchen den Golf von Neapel.

9 Wo auf der stummen Karte ist Genua zu finden?

10 Wo mündet der Po?

REGIONEN VON ITALIEN RATEN

Suchen Sie pietätvoll nach Piemont, pulen Sie nach Apulien und merken Sie sich die Marken! Gelingt es Ihnen, die folgenden zehn Regionen Italiens ihren Umrissen zuzuordnen?

1 Kampanien

2 Piemont

3 Apulien

4 Sardinien

5 Toskana

6 Trentino-Südtirol

7 Abruzzen

8 Ligurien

9 Marken

10 Emilia-Romagna

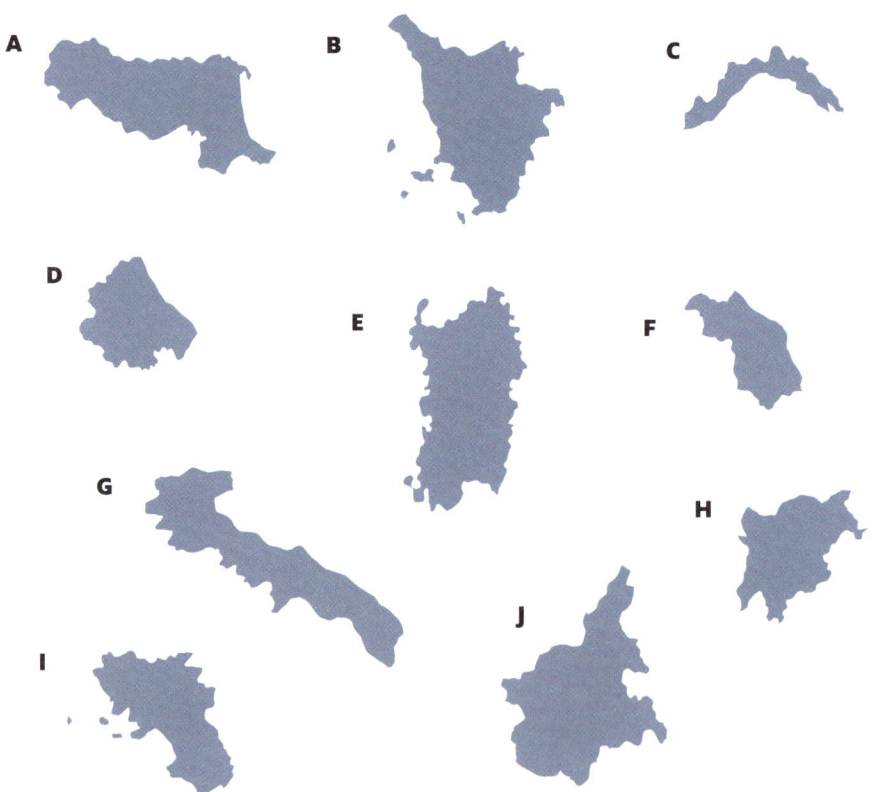

KURZBESUCH IN DER EWIGEN STADT

Seit der legendären Gründung Roms im Jahr 753 v. Chr. hat sich in der Stadt einiges getan. Wir unternehmen einen Spaziergang durch die – laut dem römischen Dichter Tibull – »Ewige Stadt« und machen halt an besonders denkwürdigen Orten.

■ Zählen Sie mal!

1 Wie viele Brücken führen auf der Karte über den Tiber? Es zählen alle Brücken mit der Bezeichnung »Ponte« – natürlich auch abgekürzt.

2 Wie oft können Sie das Wort »MONTE« in ausgeschriebener Form lesen?

■ Große Namen

3 Suchen Sie einen italienischen General und Politiker, der den Namen einer florentinischen Dynastie trägt.

4 Dieser Signore gilt als Erfinder der elektrischen Batterie.

5 Nun suchen Sie den Nachnamen eines berühmten italienischen Regisseurs.

■ Wer weiß was?

6 Finden Sie auf der Karte diejenige italienische Region, deren Hauptstadt Mailand ist.

■ Gucken Sie genau!

7 Eine buchstäblich große Sehenswürdigkeit: Statten Sie dem Kolosseum einen Besuch ab.

8 Und wo befindet sich das Pantheon?

9 Welche ist die höchste Zahl, die auf der Karte geschrieben steht?

P. OF NOR TH

NEW FRANCE

Ouabach R.

Sault R.

Wateree R.

Mississipi R.

Mount
Lat. 26.

Cusates I.
French F.

Cus. R.

Charakeys

Colorado R.

R. de Cenis

Cenis
Fort

Ca do aquios

Chickesans

Casaws

Chatta huces

Westras

Appela
thas

Geor

CA

LOUISIANA

Natchitoches

O. F. Louis

F. Mob le

Ockfaskes

Pensacola a
Span. Fort

Apalata

AMERICA.

F. Louis
De mol

I. de Ascen
sion

Mississipi R.

St. Ios. B.
A Spanish
Fort

Palacy Bay

C. Florida
Tortugas

FLORIDA

resido
l Norte
Port

R. del Norte

Bay St.
Louis

MEXICO

Bocca de Leon

R. de las Nassas

GULF of MEXICO

The Track of y only Passage of y Flota from Vera Cruz to y Havana occasioned by the Trade winds

C. Florida
Tortugas

Havana

B. Honda
C. Antonio

Havana

Old

CU

Panuco

Panuco R.
C. Roxo

Negrillos

Aleranes

C. Cor

I. Pinos

C. Cama

Panuco
Tamonte

Bermeja

the Yuan Delta Cast.

L. Cam

MEXICO

Xico

Areas

C. Condusedo

Sisal
Merida
Campechy

Cozumel

Pedro Sordo

V. Rica

Tryangles

St. Martins Pt.

Mexico

Xigu acan
Catalutla

la Vera
Cruz

ascala
of NE

S. Santo

Bay of Camp.

Port
Royal

Yucatan

L. de Bacalal

G. of Honduras

I. Guayana

S. Millan

C. Camaron

Hayen I.

Serranitha

Aca pulco

Ch apa la

Laguastal

W
S

G. of Gua
Jos

Truxillo

S. Jago

SPAIN

C. Sal.

S. Georges

Honduras

Comajagua

Hondo B.
Hare
R.

C. Gratios Dios

Pearl I.

Mosquitos

Catalina

Soconusco

Guatimala

Ron

S. Ander

Trinidad

Amapal

Leon

Nicaragua
Lake

Nicaragua R.

THE GREAT

Realego

Nicara gua
COSTARICA

S. Lucar

Concce
ption

Vera

Por

C. Blanco

Chagre

Auf Entdeckertour

In diesem Kapitel laden wir zu großen Abenteuern ein. Auf den Spuren großer Entdecker dringen Sie tief ins Landesinnere exotischer Länder vor. Oder hissen Sie die Segel und umrunden Sie die ganze Welt. Vom hohen Norden bis zur indischen Koromandelküste, vom Bosporus bis in den Süden Afrikas, von der Hitze Martiniques bis in die Kälte nahe am Nordpol – uns ist kein Weg zu weit, kein Abenteuer zu groß!

AUF IN DEN NORDEN!

Diese Karte – sie wurde 1539 vom schwedischen Bischof und Kartografen Olaus Magnus erstellt – zeigt Ihnen einen Ausschnitt Skandinaviens. Zugegeben, kleinere Texte sind darauf nicht gut lesbar, aber eine so bildhübsche Karte wollten wir Ihnen natürlich nicht vorenthalten.

■ Gucken Sie genau!

1 Sieht aus wie Stand-Up-Paddling, ist es aber nicht. Finden Sie die beiden Eis-Überquerer!

2 Entdecken Sie auf der Karte eine Krone?

■ Wer weiß was?

3 Das gibt neue Energie: Begeben Sie sich auf die Suche nach einem bekannten Batteriehersteller.

■ Für Sprachgewandte

4 Wo auf der Karte können Sie OM VOICES lauschen? Bringen Sie die Buchstaben in die richtige Reihenfolge, um es herauszufinden.

■ Zählen Sie mal!

5 Zählen Sie alle Stellen, an denen Kanonen vorkommen! Achtung, eine von ihnen befindet sich auf einem Boot.

6 Wie viele Boote oder Schiffe sind auf der Karte abgebildet? Schlitten zählen nicht!

■ Gut in Form?

7 Wo auf der Karte lässt sich dieser Ausschnitt finden?

BORNEO - DRITTGRÖSSTE INSEL DER ERDE

Dass es auf Borneo auch heute noch Menschenfresser geben soll, ist wohl eher ein Gerücht. Wie auch immer, die Karte der drittgrößten Insel der Erde können Sie völlig gefahrlos studieren – wir servieren Ihnen allenfalls einen Softdrink.

■ Gucken Sie genau!

1 Die hohen Temperaturen auf Borneo machen durstig. Trinken Sie mit uns eine »Cola«.

2 Und nun genießen Sie ein Sonnenbad an der »Costa Brava« – der »Wilden Küste«.

■ Für Sprachgewandte

3 Wo auf Borneo tappen Engländer in die Falle?

4 Und wo finden Franzosen das Leben?

5 Entschlüsseln Sie das Anagramm, um KING MONTE aufzuspüren!

■ Zählen Sie mal!

6 Wie viel Mal zählen Sie auf der Karte das Wort »Tanjong«?

■ Wer weiß was?

7 Wo auf der Karte wird lateinamerikanisch getanzt?

8 Stöbern Sie auf der Karte nach dem Vornamen des französischen Schriftstellers Saint-Exupéry.

Tanjong Sansan

M. S. Pierre

Merulio

P. le Corpao

Be. de S. ta Anna

I. s de S. te Marie

Ba'arnae

Pulo Tigan

B. e Moma

Sandaman R.

Ance d'Egane

P. te des Rois

Cinciran

Quinimi

Sivor R.

P. te de Sode

Comados

Tanjong Sabaon

Tanjong Laeve

R. Copam

Be. Dro

T. de S

Tanjong Baraon

la Baleine

By-hors

Borneo

Melawange

Passara

Saribas

Krenpei

Kaica

Malona

Baralo R.

Salat R.

Sadan

Sedang

Patcharan

Costa Brava

Sambas

T. de S

Tieur Sambas

B. e S. te Lucie

Soné Sambas

B. S. Antoine

Soné Louban

ambas

B. S. Vie

Soné Napor

P. te Mora

Lawa

Hermala

Honpava

Porto Tube

Trap

Landa

R. de Lawa

Iatoe

Benjarmassen R.

Santang

Parac

Selenbang

Cotiel

Tenga

Coeti

Plajow

Iali

Sucadana

Bonawa Assen

Conlohongi

Mullia

Banna Wantanga

Ollangsati

Tanjong Bry

Komenting

Itabier

Passeir-brawa

Haute terre de Condawanga

Manaenblanca

Songibenaa

Sambaur

Nahara

Negara

Passeir

Lapar

R. Marah

Komenting

Borangbahan

Patuano

Moranpiow

Metapura

Cola-rinjin

Sampit

Compay

Kailongi

P. o Mancop

Benjarmassen

Tatis

Chapau

Pattotor

Tanjong Malatayor

P. o Nanka

P. o Laut

akhuysen

P. o Flat

Mandavi

Cramantol

Lijang

P. delo

D. walder

A SONDE

Monevesar

2. Paine

Speremon

Tanjong salatang

Nussasira

Bato-boto

B O R N E O

c

I

T

GECHILLT CRUISEN IN DER KARIBIK

Ob Zigarre rauchen auf Kuba, Rum trinken auf den Bahamas oder auch kiffen auf Jamaika – die Karibik hat doch wirklich für jeden Geschmack etwas dabei. Doch nun genug des Berauschens, denn knifflige geografische Aufgaben erwarten Sie!

■ Gucken Sie genau!

1 Werden Sie zum Entdecker: Finden Sie den Namen Columbus!

2 Schauen Sie einfach mal Rum!

■ Für Sprachgewandte

3 Suchen Sie nach dem »Loch in der Mauer«.

4 In früheren Zeiten landeten Schildkröten an Bord der Schiffe oft im Kochtopf. Suchen Sie nach dem spanischen Wort für Schildkröte.

5 Zeigen Sie auf einen »schwarzen Fluss«.

■ Zum Querdenken

6 Hier lebt rund eine viertel Million Nassauer.

7 Jetzt wird's musikalisch: Drehen Sie den Rock Sound auf!

■ Wer weiß was?

8 Wo auf der Karte befindet sich die Hauptstadt Haitis?

9 Finden Sie auf der Karte die zweitgrößte Stadt Kubas!

BAHAMA BANK
Guana Kay
Man of War K.
Elbow Kay
G. BAHAMA
Little Harb. Pt.
Gordo K.
LUCAYA or Abaco
Hole in the Wall
Isaac
L. Isaac
Providence Channel
Berry Isds.
eminis Is.
os
imbros
Royal I.
Harbour I.
Rose Isd.
ELEUTHERA or Ethera
e K.
St. ANDREWS I.
Nassau
N. Providence
Rock Sound
Ship Channel
Hog I.
G. of Providence
St. SALVADOR
Cat Island
(Discd by Columbus)
1492.
Holy Ghost Islands
Exuma Kays
Watlings I.
Grass Creek Kays
Conception I.
Rum Kay
GREAT BAHAMA BANK
Exuma I.
YUMA or Long I.
Samana I.
CROOKED I. PASSAGE
Guinchos Kay
Crooked I.
LD BAHAMA CHANNEL
Los Jumentos
Fortune I.
MAYAGUANA PASS.
Salt K.
Acklins Kay
Mayaguana
CAYCOS PASSAGE
Green I.
Providence Cayco
Nth Cayco
Grand Cayco
Cayo Romano
L. Guajaba
St. Domingo Kay
Los Corrales
Lit. Inague
Caycos Bank
TURKS Is PASS.
Turks I.
nnah
rrdis
Moron
Las Nuevitas
Ensa. de Mataquetta
N.W. Point
Gt. Inague
HANDKF
B A
Honduras
Pta. de Mulas
S.E. Point
SIL
Santa Cruz
Villa del Principe
Holguin
Pta. de Barnes
dios
R. St. Juan
Ochoa
Pta. de Nipe
Pta. Guarico
Cayos de S. Juan
St. Salvador
Baracoa
Pta. de Maysi
Tortuga
C. Haytien or C. Francois
C. Henry
Pt. d'la Isabella
Pto.
C. de Cruz
El Porfillo
Manzanillo
St. Jago de CUBA
Balibonica
Jean Rabel
Port Paix
R. Yague
San
de
n
R. Molo
El Morro
Bo. Berracos
Pta. Matano
C. la Mole
St. Nicholas
Venta de Cana
Cumberland Har.
La Plateforme
Gonaives
Hincha
Banica
T
Falmouth
Martha Brae
Artibonite
Artibonite R.
Cot
Montego Bay
Rio Buena
St. Ann
Gonaive I.
St. Mark
L. de Azuey
S. Juan
Pedro Pt.
Lucea
Galina Pt.
Port Maria
Pto. R. Salec
Petit Goav.
Jumaguana
Azu
Negril
Blue Mts.
P. Antonio
C. Dame Marie
Gonaive
Leogane
PORT au PRINCE
Boca
Negril
JAMAICA
Charles T.
Jeremie
Jacmel
Bga. de Nieve
nah la Mar
SPANISH TOWN
N.E. Point
Les Cayes
Jaquemel
Blewfields
Kingston
Morant Pt.
C. Tiburon
St. Louis
Pte. a Gravois
C. Roxo
Black River
Lacovia
Port Morant
La Vache
C. Falso
I. Brata
Pedro Pt.
Carlisle
Portland
C. Jaquemel
les Frayles
Pedro Shoals
I. Sola
N.E. Kay
S.W. Kay
WINDWARD PASSAGE
ATLA
LUCAYAS ISLANDS OR BAHAMA

QUER DURCH SÜDAMERIKA

Willkommen im Dreiländereck von Peru, Paraguay und Chile! Auf dieser schmucken Karte gehen Sie auf Entdeckungstour. Wir durchstreifen die von Flüssen durchzogenen Ebenen Südamerikas, besteigen die hohen Anden und erforschen die Küsten des Pazifiks.

Zählen Sie mal!

1 Wie oft kommt auf der Karte das Wort »Croix« vor?

Für Sprachgewandte

2 Wo auf der Karte ist es salzig?

3 Süßes oder Saures? Stöbern Sie nach der salzigen Vorspeise doch bitte nach einem süßen Fluss.

4 Und nun: Wo befindet sich der zweite Fluss?

5 Wie bitte, in Südamerika? Suchen Sie auf der Karte nach der französischen Grenze.

Gut in Form?

6 Von welchem Bereich der Karte stammt dieser Ausschnitt?

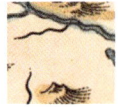

Wer weiß was?

7 Wo wurden 1904 die Olympischen Spiele ausgetragen – aber eben nicht auf dieser Karte …

8 Lust auf einen Roten? Zeigen Sie auf ein spanisches Weinanbaugebiet.

9 Wie lautet der Name der trockensten Wüste der Erde? Finden Sie ihn auf der Karte.

AFRICAN HEAT AM SAMBESI

Wandeln Sie auf den Spuren von David Livingstone. Der schottische Missionar und Afrikaforscher trieb sich in der Mitte des 19. Jahrhunderts unter anderem in der Gegend der heutigen Staaten Sambia und Simbabwe herum, die Sie auf dieser Karte entdecken. Hakuna Matata!

Gucken Sie genau!

1 Wandeln Sie auf David Livingstones Spuren und entdecken Sie die Victoriafälle.

2 Finden Sie »Stink«!

3 Wo auf der Karte fließt der »Simah«?

4 Und nun machen Sie sich auf die Suche nach der »Basilika«.

Für Sprachgewandte

5 Finden Sie den »großen Wasserfall« – gemeint sind in diesem Fall aber nicht die Victoriafälle.

6 Wo treibt sich die fiktive Forscherin ANNA SATYAM gerade herum? Lösen Sie das Anagramm, um ihren Standort zu ermitteln.

7 Welche Gegend sollten Sie während der Regenzeit unbedingt meiden?

8 Wo auf der Karte befinden sich die »Fieberteiche«?

Zählen Sie mal!

9 Wie viele Wörter auf der Karte beginnen mit dem Buchstaben G?

R. Casai

R. Kalango

R. Longe

R. Leeba

R. Chimang

alobale
under the Chief
Kangenke

Nuana Kalo
Kanyonke

Piri Hills
Soloisho Hills

Cherumage R.

Habende

Well Wooded Country

R. Luambesi

R. Lei

Kabompo, or Shinte
Monakadze Mts.

R. Goshe

Shuia L.

Nyamoana's

R. Lufuta

Nyamoana's
1st Res.

Sebolamakwea

Large Waterfall

Mochingashe Mts.

Lohuba, Bahisa or
Pamare

arutse
under Mboela

Barotse

Manenkos

Masiko

Leeambye or Zambesi
main branch

R. Letotta

R. Loeti

Banyeti

R. Luanbesi

R. Loango

R. Lokoko

Cowrie L.

R. Loena

Bamasasa

Quando

R. Kauu

R. Banyakc

Libonta

or Kabompo
Sesheke

Bato
Quang Kal
Selele

R. Maku

Barotse

Kainta

Babimpe

Quando V.

Kainko

Nariele

R. Longo

Katongo

R. Simah

Nifalo

Litofa

Semalembues V.

R. Loi

R. Ceyamo

L. Bashukulompo

R. Kafue

Nainesa

R. Lonbe

Bamala

Chuzanena R.

Monze

Man

R. Sepu

Falls of Gonye

Iron Ore
Abundant

Ka. Nebel V.

Kansala Rapids

Ba

Kale Bambwe Cat.

Matlotlora

Mozuma

R. Luze

Abutu

Nambwe Cat.

Nokoe

Kolomo

Thabache

Katima-molelo Rap.

Sekosi

Sesheke

Kaonko V.

Zambesi R.

R. Chobe

MAKOLOLO

Marimbti

Namilanga

R. Sansigred

Kale

Moyaras V.

Flat &

Linyanti
(Sekeletus Tn.)

R. Sonta

Victoria Falls
Mosi oa tunya

Marshy

Ngwa H.

Bavicko

R. Embara

Fever
Ponds

Brletele or Masoe
Nyalelong

Matebeli

Ma

Matsanyana

Bakoba

R. Iso

R. Mabube

Chombos Vil.

Vimato

Mas

Damup

Mationa

Maketo

Maila
Bamakama

Moqabeng

Poicheng

Mattokotloko

Panga

R. Louga

Nostwe

L. Ngami

Batoana Tn.

Ngabisane

Kube

Salt Pan

Tdebu

Vley

Queba Mts.

Mosing

Nchokotsa

Mahikus
Dor

Tkobaab

Kobis

Kumadau I.

Lodashu

Moilatsa

Shasha

Ghanze

Stirk Fn.

Kiria Huge

Mattaihuari

Bushmen

Mokatani

Tunuobis or
Otchombinde

R. Otchombinde

Moseriye B.

Moilotse

Mothecha M.

Korighas

Kavie Stn.

Seroth

Swart R.

Bamangwato

Letlashe

Tchakane

Glamokhuana

Bamangwato

mak Desert

Porapora

Shoshong

Banoapitsa

Lopepe

Bakad

Silequana

Ramapele

Boatlanama

Shokuan

AUF DEM NIL SCHIPPERN

Nun führt uns unsere Entdeckungsreise den Nil entlang und wir besuchen Kairo, die Hauptstadt Ägyptens und größte Stadt der arabischen Welt. Unsere alte englische Touristenkarte ist noch nicht so dicht besiedelt.

■ Gucken Sie genau!

1 Besuchen Sie den Ort »Saft el-Leben«.

2 Wo auf der Karte befindet sich der »Palace« mit der Nummer 3?

3 Stöbern Sie auf der Karte nach der »Gun Factory«.

4 Gleißende Hitze unter der ägyptischen Sonne: Springen Sie doch mal in den »Pool«!

■ Für Sprachgewandte

5 Entdecken Sie auf der Karte den jüdischen Friedhof?

6 Und wo auf der Karte ruhen die Mamelucken?

7 Machen Sie sich auf die Suche nach dem »Jungfrauenbaum«.

■ Zählen Sie mal!

8 Wie oft kommt auf der Karte das Wort »Canal« vor?

■ Wer weiß was?

9 Wo siegten am 21. Juli 1798 die französischen Invasoren unter Napoleon Bonaparte gegen die ägyptischen Verteidigungskräfte?

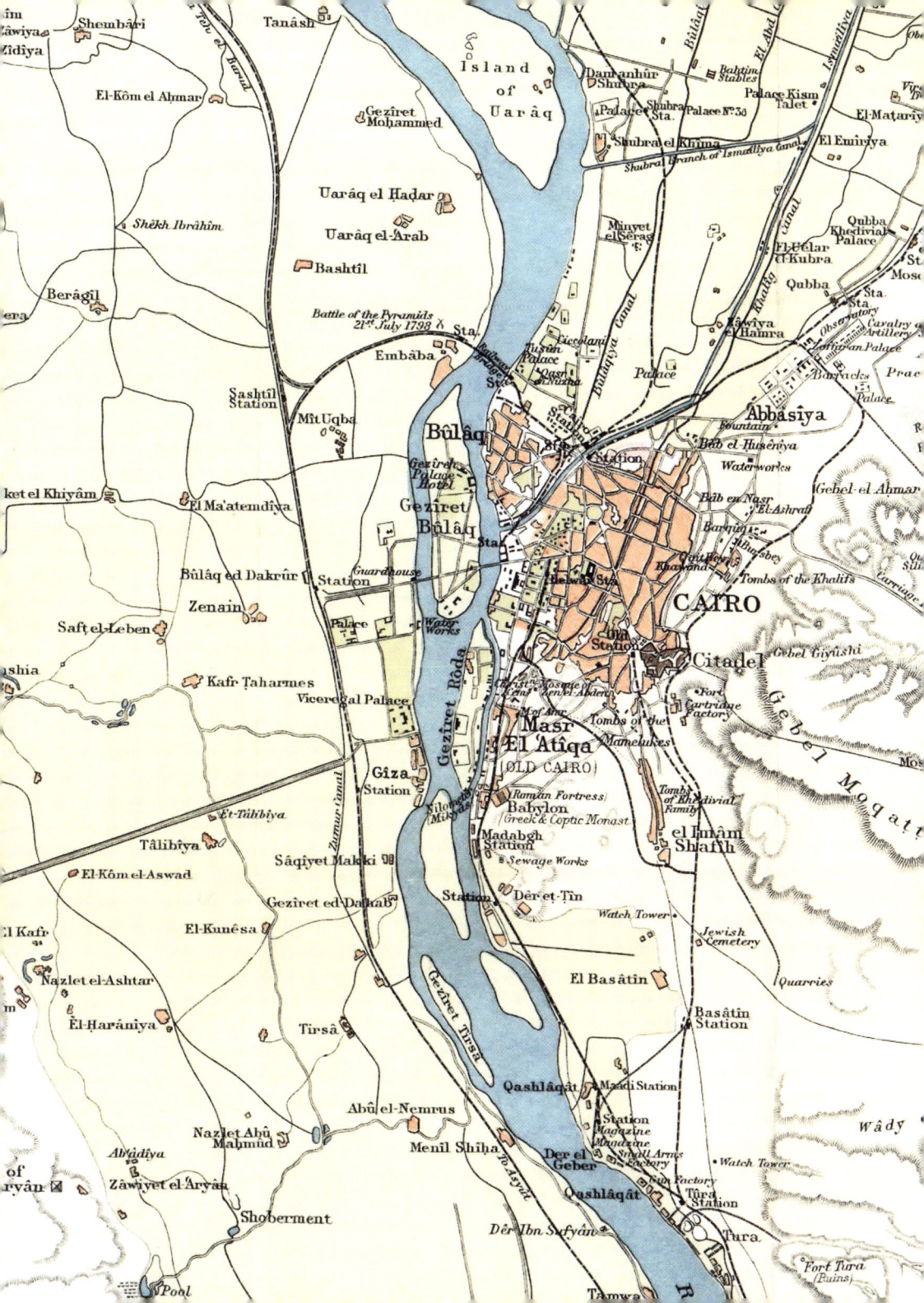

WALK LIKE AN EGYPTIAN

Fühlen Sie sich heute wie Cheops oder Kleopatra! Begeben wir uns in den Nordosten Ägyptens und verfolgen den Weg des 1869 eröffneten Suezkanals, der bei Port Said ins Mittelmeer mündet.

■ Zählen Sie mal!

1 Wie oft kommt auf der Karte das Wort »Lake« vor?

2 Bitte ein »Bir« – oder sind es doch mehrere? Zählen Sie alle »Bir« in unterschiedlichen Schreibweisen und als Wortbestandteile!

3 Wie viele Ortsbezeichnungen auf der Karte beginnen mit »Ed«?

■ Große Namen

4 Finden Sie auf der Karte den Vornamen des ägyptischen Schauspielers, der unter anderem in »Doktor Schiwago« brillierte.

5 Diesen Namen trugen insgesamt elf ägyptische Pharaonen.

■ Für Sprachgewandte

6 Fahren Sie auf der alten Karawanen-Route nach Syrien!

■ Gucken Sie genau!

7 Stöbern Sie auf der Karte nach einem »Chalet«.

8 Wie wäre es nun mit einem »Salahat«?

9 Auch ein »Tuna« wird Ihnen kredenzt.

■ Zum Querdenken

10 Nein, es ist kein 1912 wegen eines Eisbergs gesunkenes Schiff – aber fast!

Damietta Mouth
Phatnitic Mouth
Fort
Damietta (Damyât)
Eshtûm Hadâui
Kafr el-Battikh
Kafr Solimân
Aulâd Hamân
Ed-Diba Tower
Mendesian Mouth
Fareskûr
Gez. esh Shêkh Mohammed
Er-Rahâmina
Gez Abû Omar
El-Berâshiya
Lake
Geziret Kesâb
Eshtûm el Gemîl
Tanitic Mouth
Port Saïd
Esh Shêkh el Kabûti
Es-Zarqa
El-Gemeliya
Matariya
Tel Tenîs
Perîmbâl el Qadîma
El Assafrâh
Geziret Tuna
Râs el-Esh
Pelusian Mouth
Eshtûm Umm Faro
El-Menzâla el Hayât
Menzâla
Plain of
El-Megmûa
Qshmin ed Daqhaliya
Ed Demin
Azbet Abu Hagar
Azab Sân
Tel Dengu
Abu Ballah Arm
Pelusiac
Kalaât el Tînâ (Fort)
Tel Faramâ
PELUSIUM
Birket ed Ballah
Sân el-Hagar
TANIS
Tel esh Sherig
Tina or Pelusium
El Garwiyîn
Azabet Bekârsha
Tel el Garra
Es-Sûfiya
Bahr Sân el-Hagar
Bahr Fâqûs
El-Khamsa
Old Caravan Route to Syria
Tel es-Semût
Kafr el-Azâbi
El Manâgât el Kubra
Tel Defennâ
DAPHNAE
Sta
El Qantara el-Khazna
Es-Sûra
El-Ghazôli
El Manâgât es-Soghra
El Buha
Es Samâ'ini
Birket Umm esh Sherâmit
Es-Sâlihiya
Balâh Lakes
El-Arîn
PHARBAETHUS
El Barûm
Harbêt
Abû Kebîr
Akyâd el-Ghatâuira
Bîr Abu Arûq
El Ferdân
Bîr Magdal
Tûkh el-Qarmûs
Fâqûs
El-Gisr
Highest Ground in the Isthmus 52 feet
Mehiya
Et Tawîla
El-Qaraîm
Atabet el-Gisr
Chalet of the Khedive
El-Aduya
Tel el Kebîr Sta.
Azabet el Tahâwi
Mahsama Sta.
Ismaïliya
Abu Sawer
Lake
Tinsâh
Qishîsh
El-Qitâwiya
El-Magfar
Ramsès Sta.
Nefisha Sta.
Maryam
el Henna
ISA (GOSHEN)
Wâdy Tûmilât
Tel el-Retâba
Tel el-Maskhûta
PITHOM HEROÖPOLIS
Tussûm shêkh Hanaëdiq
Kafr baza
Tel el-Kebîr
Tel Âsa el-Kubra
Tel Abu Islêmân (Soliman)
Râs el-Wâdy
El Hami Pasha
Bîr Menâyû
Serapeum (Darius-stela)
Serapeum Sta.
Serapeum
Ibrâhîm
 belbês
Yahûd
Regûm el Khêl
Manshât Fâyid Sta.
El-Ambek
Great Bitter Lake
Route ta
Suez Canal
Fresh Water Canal

AM KAP DER GUTEN HOFFNUNG

Wir schreiben das Jahr 1903. Die beiden Burenkriege sind beendet und das britische Imperium hat die Macht an Afrikas Südspitze übernommen. Begeben Sie sich mit dem Schöpfer dieser Karte, Lieutenant-General Sir Harry Smith, an die Ostgrenze der Kapkolonie.

■ Gucken Sie genau!

1 Where the f... is Alice?

2 Wir laden Sie auf eine Coke ein!

■ Wer weiß was?

3 Finden Sie auf der Karte die Hauptstadt Großbritanniens

4 Nun begeben Sie sich in eine Großstadt in Neuseeland.

5 Weiter geht es zu einer amerikanischen Großstadt nahe der Niagarafälle.

6 Beenden Sie die kleine Weltreise am Kap der Guten Hoffnung mit einer Fahrt zu einem historischen Örtchen bei Brüssel.

■ Große Namen

7 Zeigen Sie auf den Namen einer historischen Persönlichkeit, die von 1792 bis 1849 lebte.

■ Zählen Sie mal!

8 Wie oft kommt auf der Karte das Wort »Kei« vor, und zwar für sich allein oder innerhalb eines längeren Wortes?

9 Zählen Sie alle Forts (abgekürzt »Ft.«).

■ Für Sprachgewandte

10 BETH RUTTROW ist guter Hoffnung und wird vermisst. Lösen Sie das Anagramm, um sie aufzuspüren.

EASTERN FRONTIER

OF THE COLONY OF THE

CAPE OF GOOD HOPE

EXPEDITION ZUR NORDWESTPASSAGE

Prince Patrick Island ist die westlichste der im 17. Jahrhundert von William Baffin entdeckten Königin-Elisabeth-Inseln – bestehend aus 34 Hauptinseln und über 2000 kleineren Inseln. Sie liegen weit im Norden von Kanada nahe zum Nordpol. Schüren Sie das Kaminfeuer, denn es wird kalt!

Für Sprachgewandte

1 Sie wollen nur spielen? Hier nicht!

2 Wo auf der Karte würden Sie nach Holz suchen?

3 Finden Sie auf der Karte einen enttäuschenden Ort!

Wer weiß was?

4 Jetzt wird's gefährlich! Fahnden Sie nach einem berüchtigten amerikanischen Mörder.

5 Finden Sie auf der Karte den Namen eines Mars-Rovers.

6 Und nun suchen Sie noch ein weiteres Objekt, das über unseren Köpfen herumschwirrt.

Zählen Sie mal!

7 Wie oft kommt auf der Karte – für sich oder innerhalb anderer Wörter – »Land« vor.

Große Namen

8 M und M: Welche zwei Persönlichkeiten begaben sich im 19. Jahrhundert auf die Spuren der verschollenen Franklin-Expedition?

Satellite Bay

Maclintock Pt.

Maclintock's farthest

Mechan's farthest

Discovery Pt.

PRINCE PATRI

ISLAND

Tullett Pt.

Higher land
een E.S.E (true)

Lan d in

small

patch es

showi ng

abo ve

the Snow

Richards Pt.

Parker Bay

Houghton H.d

ds End

No Game

Hardinge

Mountains

Land very barren

Griffiths Pt.

Bloxsome Bay

Perseverance Pt.

Wood
found

Domville Pt.

Cape Manning

Dyer Bay

Giants Causeway

Cape Mecham

Reindeer
and Ptarmigan

Remarkable
Table Hill

Extensive plain

Rem. pinnacle
Rock

Danes Pt.

Reindeer and
Ptarmigan

Carter Bay

C. Com. Coal found

Butter Bay

C. Hay

W

Walker
Inlet

Intrepid
Inlet

Salmon Pt.

Green B.

Snow Patch Pt.

Cape
Canning

Jan

Wilkie Pt.

Disappointment Pt.

Ptarmigan
numerous

Manson Pt.

CROZIER

Mould Bay

CHANNEL

Gardiner Pt.

Bl

Land very barren

Eglinton

Island

Catherine

Moreton
Bay

Table Hills

Barn
Hill

KELLETT

Cape Nares

Petrified
Wood

STRAIT

Samuel Pt.

Pe

Pedder Pt.

Kelly Pt.

Coas

Ren
Pea

Comfort Cove

Cape Russell

ENTLANG EXOTISCHER KÜSTEN

Auf dieser Karte aus dem Jahr 1759 bereisen wir die Koromandelküste im Südosten des indischen Subkontinents. Im 17. und 18. Jahrhundert war sie Schauplatz von Kämpfen der Europäer, in denen es um die Kontrolle des Indienhandels ging.

■ Gucken Sie genau!

1   Suchen Sie auf der Karte den Ort »Papan petu«.

2   Jetzt machen Sie sich auf die Suche nach dem Fluss »Tiripaupalur«.

■ Für Sprachgewandte

3   Wo treibt sich KEN ARMBRAT herum? Lösen Sie das Anagramm, so erfahren Sie es.

■ Gut in Form?

4   Von welcher Stelle auf der Karte stammt dieser Ausschnitt?

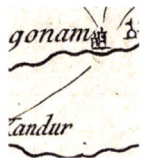

■ Große Namen

5   Entdecken Sie auf der Karte den Namen eines biblischen Königs?

■ Zählen Sie mal!

6   Finden Sie auf der Karte alle Ortsnamen, die mit »Tiru« beginnen.

7   Und wie viele Ortsnamen enden mit »Kottey«? Groß- oder Kleinschreibung spielen dabei keine Rolle.

8   Zählen Sie, wie oft auf der Karte das Wort »Pagode« vorkommt.

Elanazur
Olunder Pettey
Tiru vanelur
Takir-paleam
Bahuri
Shevengadi R.

Parendel
Badur

Tiru-vidi
Patur

St. Davids A
Gudelur pris
par les François
le 2. Juin 1758.

Ashenur
Vardashelam
Vallam
Tiripaupatur
Raidi-kupam

ranji...
Shepakam
Metu-paleam
Peria kuppam ou Karear-kupam

Kaldeur
Tiripaupalur R.
Valem-kupam
Kama-varam
Aduka-nadi
Mahmud Bander

trom
Aduloda
Kanor
Paranghey pettey ou
Porto Novo H

Dulvey satrom
Tiru matam
Kodhikkadu
Schidambaram Pagodes

Wellaru R.
Tiru kalapur
Paleatu kottey
Tiru-kottey A

Arielur
Ganga-doram
Shingande-shola
Elur
Palur
Agrarom

Oreyar paleam
Karpur
Kolloram R.
Shiari
Pagodes

Tiruvala madur
Veller R.
Upar R.
Tiru-malli-wasel

Valkonda
Karpur
Karikod R.
Shengamogam R.
Shengamogam
Kaweri patnam

bagonam
Tiru wodhama
Pudu Kaweri R.
Kaler R.
Tiru-ka daur
Pudu pattey

Tilleya
TRANKEMBAR D.
Chaü

Kaveri R.
Tiru woingadu
Poreyar
Kari-kalondi

Kandur
Pulliruk

Amal pettey
Madewi patnam
Karikal R.
Karikal F

Wadhawaru R.
Veller R.
Tiru-maley-rayen

Mannar-koil
Papan petu
Naour ou Nagur R.
Naour

Ama pettey
Kolasheri
Anamanla puram
Pashe kad
Kilvelur
NEGA PATNAM H

Tiru-walur
Wolagani

Madew Patnam

Nemur
Pattu Kottey
Kardi vanpatti

Adariam
patnam
Topo kure
Kallamedu
Pagode

kottey
Avowreyar-kowil
C. Kallamedu

N J A O R

FRANKREICH IN ÜBERSEE

Die Karibikinsel Martinique ist ein Überseedépartement Frankreichs und damit auch Teil der Europäischen Union. Unternehmen Sie eine entspannte Entdeckertour auf der zu den Kleinen Antillen gehörenden Insel.

■ Gucken Sie genau!

1 Wir würden Sie gern ins »Café« einladen.

2 Haben Sie Lust auf einen »Chat«?

■ Zum Querdenken

3 Bonjour, ... Martin?

4 Finden Sie auf der Karte einen Berg von Kosmetikprodukten!

■ Große Namen

5 Wo auf der Karte versteckt sich ein berühmter ehemaliger brasilianischer Fußballspieler?

■ Zählen Sie mal!

6 Wie oft kommt auf der Karte »Batterie« in ausgeschriebener Form vor?

7 Zählen Sie, wie viele Male auf der Karte »de la« steht!

■ Wer weiß was?

8 Finden Sie auf der Karte die französischen Namen zweier Schiffstypen.

Bourg et P.ʳᵉ de la G.ᵈᵉ Ance
Bourg et P.ˢˢᵉ du Marigot
Bourg et P.ˢˢᵉ de S.ᵗᵉ Marie
P.ᵗᵉ Riviere
L. S.ᵗ Aubin
CUL DE SAC DE LA TRINITÉ
I. de Caravelle
S. Joseph
Bourg et Paroisse du Precheur
la Mont.ᵉ Pelee
Bourg et Paroisse de la Trinte
Beau Sejour
P.ᵗᵉ de la Tartane
Bat.ᵉ
Bat.ᵉ
Cul de Sac de la Tartane
R. Blanche
Bat.ᵉ
Ance du Duc
Batterie
Cul de Sac à la Chauc
de Cannanville
R. des Perts
Cul de Sac du Galion
Rade du Fort
Bourg
Passe pour de gros Bat
*Fort S.ᵗ Pierre
S.ᵗ
Batteries
Batterie
le Loup Garou
S.ᵗ Pierre
Bourg du Cul de Sac Robert
Islet de Monsieur
Gros Morne
S.ᵗ Rose
Paroisse du Mouillage
Cul de Sac Robert ou les plus gros Vaiss.ˣ peu.ᵗ mouil
Bourg et Paroisse du Carbet
Pitons du Carbet
S. Jacques
P.ᵗᵉ à la Rose
R. du Carbet
Cul de Sac des Roseaux
Bat.ᵉ
Morne aux Bœufs
Cul de Sac François
Bourg de la Case Pilote
Cap Enragé
L'Assomption Chap.ˡ
Cul de Sac Fregate
Batterie
Case des Navires
M.ᵗ Tartandon
les Islot
M.ᵗ Patats
M.ᵗ Cartouche
Ance à la Café ou Fond Guellier
M.ᵗ Garnich
VILLE DU F.ᵗ ROYAL
Bourg du Cul de Sac François
Bat.ᵉ
P.ᵗᵉ des Negres
*Fort Royal
Bourg du Lamentin
Bat.ᵉ
Cul de S.
CUL DE SAC ROYAL
Ance Noire
Bourg du Trou du Chat
Bourg du Cul de Sac à Vache
P.ᵗᵒ du Vauclain
Petite Ance d'Arlet
R. Salée
G.ᵈᵉ Ance d'Arlet
Bourg de la Riviere Salée
Bourg des Ances d'Arlet
Bo Va
Bourg de S.ᵗ Luce
Bourg de la Riviere Pilote
Petite Ance du Diamant
P. S.ᵗᵉ
Luce
S.ᵗ Etienne
3 Rosiers
Bourg du Diamant
P.ᵗᵉ de la Borgnesse
Cul de Sac Marin
P.ᵗᵉ du Diamant
Pointe Marin
I. du Diamant
Chap.ˡ S.ᵗᵉ Anne

FAHRT DURCH DEN BOSPORUS

Der Bosporus ist eine Meerenge, die das Mittelmeer mit dem Schwarzen Meer verbindet – und damit auch Europa mit Asien. Die Karte zeigt Ihnen die von zahlreichen Kanonen und Geschützbatterien gesäumte Durchfahrt im Jahr 1855.

■ Gucken Sie genau!

1 Schauen Sie mal nach »Kalender«.

2 Wo auf der Karte befindet sich »Papas Pt.«?

3 Besichtigen Sie »Ovids Tower«.

■ Zählen Sie mal!

4 Wie oft zählen Sie auf der Karte das Wort »Gun« (auch in der Mehrzahl)?

5 Und nun zählen Sie bitte jedes »kioy« auf der Karte.

■ Zum Querdenken

6 Finden Sie Wasser an Land!

■ Große Namen

7 Etwas ist »In the Air Tonight«. Suchen Sie den Vornamen des Sängers dieses bekannten Songs.

■ Für Sprachgewandte

8 Zeigen Sie – durch Lösen des Anagramms – wohin sich RITA HEPA begibt.

Kila

Roumel...

Light hous

Kvaneh or
Gyannees I.

Guns
Battery Papas Pt

Demmeli-kioy

Atti
Baglar

Anadoli Phara
Light hous.

Baglar R.d

Kazibje Fort
17 Guns 2 tier

Poiraz F.t
15 Guns
Pilar

Jenli-kioy

Buyuk Liman
Powder Mag

C O N S T A N T I N O P L E

Genoese Tower
Ovids T.r

Stone Fort
22 Guns

Magaz

Phil Bournou
Battery 9 18

Imros
Kalessi 9 Brass
Guns

Sekere-kioy

Leeta Liman

23 Gun
Batt.y

Sanskon

Roumeli Kavak

Kavak
P.t

Ant. Genoese Castle

Talil P.t

Kavak F.t 41 guns

Tai Hakala

Anadoli Kavak

Mezar
Bournou

Kabatash D. Sarweri

Fort Jouka
54 Gun
Mor
2

R. Tokat

homet Bend

tche-kioy

Battery
8 24.s

BUYUK-DEREH

Jouka Daghi or Giants Tm

Unkiariskilessi
Omour Point

Valot ot

Omour jeri

Zekeh Dereh

G. of Buyuk dereh

Ac Babak

chefeh kioy

Aggatta 6 24.s

R. Kute Hak

Ar

Jureteh Bournou

13 24.s &

Mor Selvah
Bournou

Sultan
Valley

THERAPIA
16 Guns

Sultanieh Water 9 Pt

Therapia
B

Jali kioy

Nalet
Bournou

Kalender

Batt.y
9 Guns

Beikos B.

Beikos

Sultan's Kiosk

Twobashi
P.t

Old
Minaret

Yeni-kioy

Indjir B.

V. Batt.y

Indjir kioy

Urch P.t

Stench
or Istemah

Tchibouk-li

Emir Gouneh

Rootcheh

Tchibouk Bay

Balta Liman

Tekmak
Bou.

Kiosk

WO LIEGT WAS IN AFRIKA?

Der Kontinent Afrika wird häufig mit Armut, Hunger und Krieg verbunden. Doch wer einmal dort war, erinnert sich vor allem an die unglaubliche landschaftliche Schönheit, die faszinierende Tierwelt und die lebensfrohen Menschen. Wie gut kennen Sie Afrika?

1 Wo liegt Algier, die Hauptstadt Algeriens?

2 Markieren Sie das Kap der Guten Hoffnung.

3 Welche der Inseln ist Unguja, auch Sansibar genannt?

4 Auf welches afrikanische Land weist der Pfeil?

5 Zeichnen Sie die Lage des Kibo ein – mit 5895 m ist er der höchste Berg Afrikas.

6 Markieren Sie die Position der nigerianischen Hauptstadt Lagos.

7 Wo befindet sich der Kruger-Nationalpark?

8 Zeichnen Sie ein, wo der Kongo ins Meer mündet.

9 Können Sie auf der Karte zeigen, wo sich das afrikanische Land Eritrea befindet?

10 Wo liegt der Victoriasee?

Eisige Welten

*Diesem Kapitel sollten Sie sich nur an warmen Tagen widmen –
ansonsten halten Sie einen Erkältungstee bereit! Wir besuchen die
kältesten Orte der Erde: die Antarktis, Grönland, die Gipfel der
Alpen und den Norden Europas. Noch viel kälter wird es dann auf
dem Mond und im Reich der Sterne. Mümmeln Sie sich in eine
warme Decke ein und beginnen Sie das eisige Vergnügen.*

DIE ANTARKTIS – LUST AUF EIS?

Wussten Sie, dass die Antarktis die größte Wüste der Erde darstellt, da in ihrem Inneren die kalte Luft nur sehr wenig Feuchtigkeit aufnehmen kann? In einer der unwirtlichsten Gegenden der Erde warten besonders knifflige Fragen auf Sie.

■ Gucken Sie genau!

1 Finden Sie auf der Karte die Region »New Schwabenland«?

2 Welche ist die jüngste Jahreszahl, die sich auf der Karte finden lässt?

3 Finden Sie auf der Karte die höchste Erhebung in der Antarktis!

■ Wer weiß was?

4 Wo spielt die Musik? Entdecken Sie ein international bekanntes Soldatenlied aus dem Jahr 1939.

5 Besuchen Sie eine 1957 eröffnete russische Forschungsstation.

6 Wo auf der Karte befindet sich der südlichste aktive Vulkan der Erde?

■ Große Namen

7 Der Friedensnobelpreis wird in Norwegen verliehen – auch an diesen Norweger.

8 Entdecken Sie auf der Karte den Großvater von Queen Elizabeth II.?

EISKALT ERWISCHT AUF GRÖNLAND

Grönland - oder auf Grönländisch: Kalaallit Nunaat - gehört politisch zu Dänemark, geografisch jedoch zu Nordamerika. Besonders in den Küstenregionen Grönlands gibt es eine Menge zu entdecken!

■ Gucken Sie genau!

1 Finden Sie Godthaab, die Hauptstadt Grönlands.

2 Ob man da einkaufen kann? Suchen Sie auf der Karte nach einem »Store«.

■ Große Namen

3 Wo auf der Karte ist der dänische Polarforscher Jens Arnold Diderich Jensen (1849–1936) verewigt?

■ Gut in Form?

4 Finden Sie diesen Ausschnitt auf der Karte!

■ Zählen Sie mal!

5 Wie viele Fjorde zählen Sie auf der Karte?

■ Für Sprachgewandte

6 Entdecken Sie auf der Karte eine Stadt, deren dänischer Name »Zuckerhut« bedeutet?

7 Welche Stadt auf der Karte verbirgt sich hinter dem Anagramm BOLTINGHORSES?

8 Finden Sie auf der Karte eine griechische Scheibe.

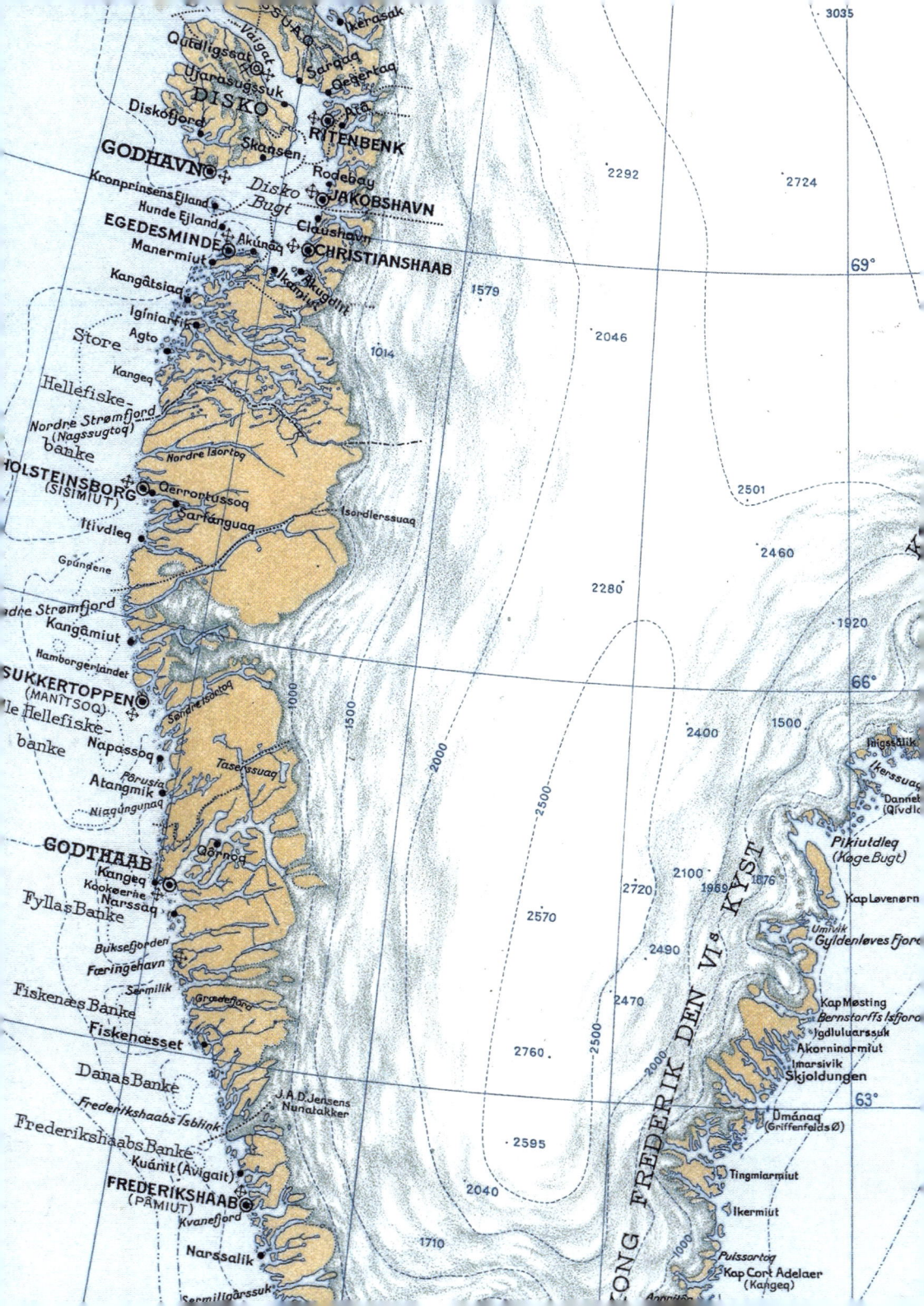

BERGTOUR IN DEN ORTLER-ALPEN

Die Ortler-Alpen sind eine Gebirgsgruppe der Ostalpen. Sie liegen in Norditalien und der Schweiz. Der höchste Gipfel – mit einer Höhe von 3905 m – ist der Ortler. Unternehmen Sie eine abenteuerreiche Bergtour!

■ Gucken Sie genau!

1 Suchen Sie auf der Karte nach dem »Signal«.

2 Wo auf der Karte befinden wir uns in 3058 m Höhe?

■ Gut in Form?

3 Von wo stammt dieser Kartenausschnitt?

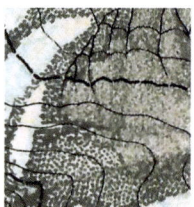

■ Für Sprachgewandte

4 Wo auf der Karte kraxelt OLEG SCHNECKE? Lösen Sie das Anagramm, um ihn aufzuspüren.

5 Finden Sie auf der Karte das lateinische Wort für »Kreis«.

6 Wo auf der Karte sehen Sie ein italienisches Murmeltier?

■ Zählen Sie mal!

7 Wie viel Mal kommt auf der Karte das Wort »Ferner« komplett vor?

8 Zählen Sie auf der Karte alle »Eis« – auch innerhalb von Wörtern.

GRÜEZI IN DAVOS

Der Schweizer Ort Davos ist ein international bekannter Luftkurort, der unter anderem durch Thomas Manns Roman »Der Zauberberg« und durch das jährliche »Weltwirtschaftsforum« Berühmtheit erlangt hat. Schauen wir uns in dieser Gegend ein wenig um.

■ Gucken Sie genau!

1 Finden Sie auf der Karte den heiligen Peter.

2 Welche ist die niedrigste Höhenangabe mit einer 2 als erster Ziffer?

3 Entdecken Sie auf der Karte die zwei Ruinen?

■ Für Sprachgewandte

4 Suchen Sie – indem Sie das Anagramm lösen – nach APOLL HIRN.

■ Zählen Sie mal!

5 Wie viele Wörter auf der Karte enden auf »fluh«?

6 Zählen Sie alle durch einen roten Stern gekennzeichneten Sehenswürdigkeiten.

■ Große Namen

7 Zeigen Sie auf einen der Vornamen des Komponisten von »Die Zauberflöte«.

■ Zum Querdenken

8 Zum Schluss schlürfen Sie ein umgedrehtes Ale.

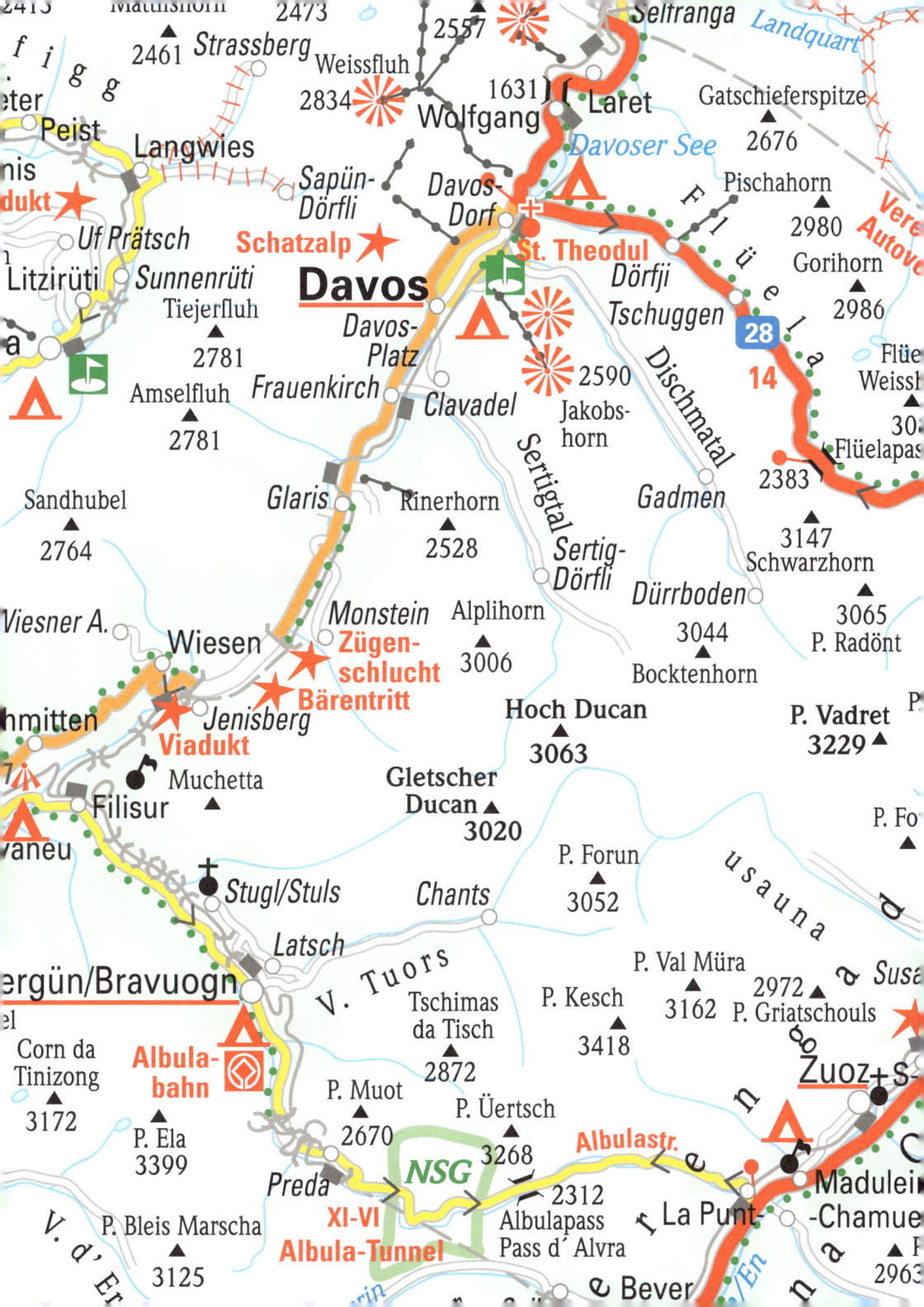

DIE TIEFEN FJORDE NORWEGENS

Bergen, die zweitgrößte Stadt Norwegens, liegt nur wenige Meter über dem Meeres-spiegel. Die Landschaft ist geprägt von den tief ins Landesinnere reichenden Fjorden. Gehen Sie auf Erkundungstour!

■ Für Sprachgewandte

1 Welcher Ort auf der Karte erscheint besonders hoffnungsvoll?

2 Wo auf der Karte finden Sie TIRED GREEN? Lösen Sie das Anagramm, um es zu erfahren!

■ Zählen Sie mal!

3 Zählen Sie auf der Karte alle Kirchengebäude.

4 Wie viele Ortsbezeichnungen auf der Karte enden auf »vik«?

■ Wer weiß was?

5 Fast wäre es eine Oper von Giacomo Puccini.

■ Gucken Sie genau!

6 Suchen Sie auf der Karte nach dem »Osterfjorden«.

7 Finden Sie »Strandebar«.

■ Zum Querdenken

8 Wo auf der Karte lässt es sich modern wohnen?

edje
Fedje
Fosnøy
Hoplandsjøen
57
Lindas
Masfjorden
853
Blåfjell
96
Flat
E39
Eidslar
Steinalder-boplass
41
Myking
Sørkvingo
Romarheim
1115
Radøy
Lygra
Haugland
Hundvin
Andås
Storfjell
Hellesøy
Seløy
Toska
Manger
Vollom
Stamnes
Alvøy
Sæbø
Kongegrav
Bolsta
Tjeldstø
Skjeljanger
Seim
Ostereidet
Stenalder-boplass
Skogsøy
Holsnøy
Leiknestangen
Fotlandsvåg
ale Blomvåg
Vikebø
Osterfjorden
Gml. loft
Grøta
Dale
Blomøy
Oksnes
Knarvik
Osterøya
Stanghelle
Torsteinsvik
Åsebø
Frekhaug
Lonevåg
Valestrandsfossen
Vestrevatn
Bergsbu
Toftøy
Salhus
14
Breistein
Olsnes
Vaksdal
Askøy
Juvik
Morvik
Mjelde
Gårdstun
Ågotnes
12
Kleppestø
Ytre Arna
320
E16
Trengereid
Litle
Laksevåg
Indre Arna
19
7
Haga
Knarrevik
Sotra
642
Espeland
Kvam
Store
Bergen
35
Samdal
Tysse
Kolltveit
1299
Bryggen
Nesttun
Tvetakviting
Tellnes
Fana
Solbjørg
Holmejford
Telavåg
Eidesjøen
Hjellestad
Søfteland
74
Strandeba
Eikelandsose
Klokkarvik
Krokeide
E39
Fusa
Oma
Tofterøy
Ole Bull minner
Kilen
Skog vatne
Kvaløy
Stronø
Osøyro
Baldersheim
Mu
Store Kalsøy
Hundvåko
Bjørnen
Bjørnafjorden
48
Var
Torangsvåg
Storebø
Skjel
48
Hope
Lunde
Gjermunds-hamn
Huftarøy
Reksteren
Stussvik
Stolmen
Flygandsvær
Tysnes
753
Hovland
Ølve
Snilstveitøy
Våge
Selbjørn
Kalvanes
Søreide
Sandvikvåg
Tysnesøy
Onarheim

Hjeltefjorden
Mangerfj.
Herøalfj.
Trondheim ca. 72h
Stavanger 6 h
Korsfjorden
Selbjørnsfjorden

REISE ZUM MOND

Werfen Sie nun einen Blick auf unseren Erdtrabanten und machen Sie dort einige spannende Entdeckungen. Die Mondkarte stammt übrigens aus der ersten Hälfte des 18. Jahrhunderts – verzeihen Sie daher bitte die teils schwierig zu entziffernde Schrift.

■ Gucken Sie genau!

1 So viele Mondkrater! Finden Sie den Mondkrater mit dem Namen »Afraganus«.

■ Große Namen

2 Finden Sie einen Mondkrater, der nach einem römischen Gelehrten des 1. Jahrhunderts benannt wurde.

3 Entdecken Sie einen Mondkrater, der nach einer spätantiken Mathematikerin, Astronomin und Philosophin benannt wurde?

4 Suchen Sie nach dem Vornamen eines dänischen Astronomen, der von 1546 bis 1601 lebte.

■ Zählen Sie mal!

5 Wie viele »MARE« zählen Sie auf diesem Ausschnitt der Mondkarte?

■ Für Sprachgewandte

6 Auf dem Mond lebt ein Hahn, allerdings in lateinischer Sprache. Finden Sie ihn!

7 Suchen Sie den Mondkrater, der sich in dem Anagramm NEAR END verbirgt.

■ Gut in Form?

8 Fahnden Sie auf der Mondkarte nach diesem kleinen Ausschnitt.

MARE

Antolicus

Palus Putredinis

Aratus

Conon

TERRA NIVIUM

MARE VAPORUM

Manilius

Menelaus

Hamus

Imp Cæfar

Sinus Æstuum

Sinus Medius

Agrippa

Sofigenes

Limbo

TERRA

Hipparchus

Infula gurum

Ptolemæus

Albate onius

Alphonsᵒ Rex

Arzachel

Thebit

Turbachius

Regiomontanus

titatis

Gauricus

Walthorus

Tycho

MARE

SERENITATIS

Poſidonius

Sulpicius Gallus

Vitruvius

Plinius

MARE

TRANQUILLITATIS

Dionyfius Areopagit

Theon fenior

Theon junior

Hipatia

Alfraganus

Abilfedea

Almæon

Geber

Tatius

Abenezra

Blanchinus

Vernerus

Azophi

Apianus

Alia cenfis

Pontanus

TERRA

Fracaftorius

Ferne fius

Rab. Levi

Gemma Frif

Nonius

Liccius St.

Zagutus

Sacrobosco

S. Catharina

Piccolominus

Neander

Stiborius

Metius

Promeng Lutum

Conferinus

Beda

Exiguus

Alcuinus

TERRA

Mart Capella

S Theophilus

S. Hiderus

S. Cyrillus

MANN

ECTARIS

MARE

TERRA

SAN
ITATIS

Prom S.

P S.

TERRA

Sant

Sant

Sneilius

Reitha

ES STEHT IN DEN STERNEN

Das Weltall ist ein extrem kalter Ort, aber einige Götter der antiken Mythologie scheinen sich dort sehr wohlzufühlen. Mit dieser hübsch illustrierten Sternenkarte unternehmen Sie einen kniffligen Flug inmitten der Sternbilder.

■ Gucken Sie genau!

1 Auweia! Auch im Weltall gibt's Corona. Und zwar wo?

2 Finden Sie den Stern »Capella«.

■ Gut in Form?

3 Schauen Sie mal nach, von wo auf der Karte wir diesen Ausschnitt entnommen haben.

■ Wer weiß was?

4 Finden Sie auf der Karte einen Sohn des Zeus.

5 Die kleine Andromeda schreit nach ihrer Mutter – wo befindet sich diese?

■ Zählen Sie mal!

6 Wie viele Säugetiere – Menschen und Götter nicht mitgerechnet – sind auf der Karte vollständig abgebildet?

7 Zählen Sie alle Menschen und Götter, von denen mindestens der vollständige Kopf zu sehen ist.

■ Für Sprachgewandte

8 Finden Sie das lateinische Wort für »Zwillinge«.

9 Und was heißt »Schlange« auf Lateinisch?

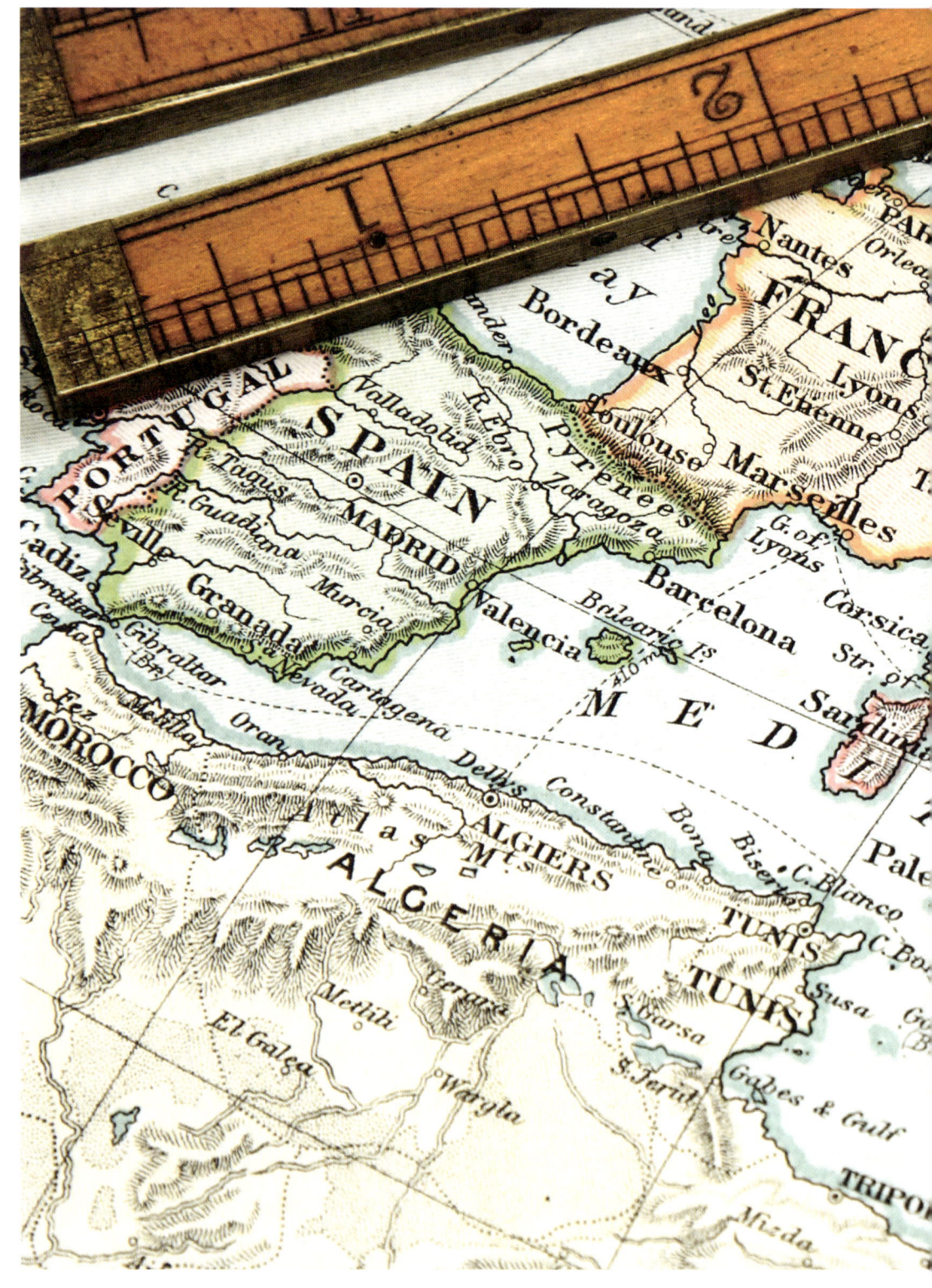

Europa à la carte

Nicht nur Zeus, der oberste Gott der griechischen Mythologie, hat sich in Europa verliebt – sondern auch wir. In diesem Kapitel besuchen wir europäische Städte und Regionen, die sich durch besondere Eigenheiten und eine spannende Geschichte oder Geografie auszeichnen. Wären wir französische Spitzenköche, so würden wir schmunzelnd sagen: Das Kapitel ist ein wohlschmeckendes Ratatouille à la carte. Bon appétit!

LYON IN DER BELLE ÉPOQUE

1894 – das ist das Jahr aus dem diese Karte von Lyon stammt. Also inmitten der Belle Époque, der »schönen Epoche«! Entdecken Sie eine Zeit des Friedens in Europa – voller Kultur und wunderschöner Bauwerke.

■ Gucken Sie genau!

1 Wo auf der Karte finden Sie den Städtenamen »Lyon« zu Lande?

■ Wer weiß was?

2 Welche Brücke heißt ähnlich wie eine Käsesorte?

■ Zählen Sie mal!

3 Wie viel Mal taucht auf der Karte der Name »Georges« auf?

4 Wie oft lesen Sie auf der Karte das Wort »Hôtel«?

5 Zählen Sie alle Plätze – auch die mit »Pl.« abgekürzten!

6 Und wie oft kommt auf der Karte ein »Quai« oder »Q.« vor? »Antiquaille« zählt nicht mit.

■ Für Sprachgewandte

7 In welchem der Kirchengebäude steckt eine englische Vier?

8 Wo auf der Karte steht ein französischer Mann?

9 In welcher Straße tummelt sich LUC BOLERE? Lösen Sie das Anagramm, um ihn aufzuspüren.

VERY BRITISH IN BRISTOL

Die altehrwürdige Hafen- und Handelsstadt Bristol liegt im Südwesten Englands am Fluss Avon. Hier widmen wir uns jedoch dem modernen Bristol mit Parkplätzen, einigen Queens und fließendem Alkohol.

🟧 Zählen Sie mal!

1 Wie viele Brücken, die übers Wasser führen, lassen sich auf der Karte zählen – auch solche, die auf der Karte ohne Namensbezeichnung sind?

2 Suchen Sie alle Parkplatz-Symbole. Auch die nicht vollständig abgebildeten Symbole zählen.

3 Wie viel Mal verkehrt auf der Karte eine »Queen«?

🟨 Für Sprachgewandte

4 In welcher Straße fließt dem Namen nach Alkohol?

5 Wo auf der Karte hüpft ein englischer Frosch?

🟩 Große Namen

6 Finden Sie einen englischen Admiral, der 1805 in der Schlacht von Trafalgar fiel.

7 Suchen Sie nach einem US-amerikanischen Schauspieler, dessen Vorname Alec lautet und der unter anderem mit Kim Basinger verheiratet war.

🟦 Gucken Sie genau!

8 Besuchen Sie auf der Karte ein nordeuropäisches Land.

9 Zum Schluss unternehmen Sie eine Reise in ein Land in Westafrika.

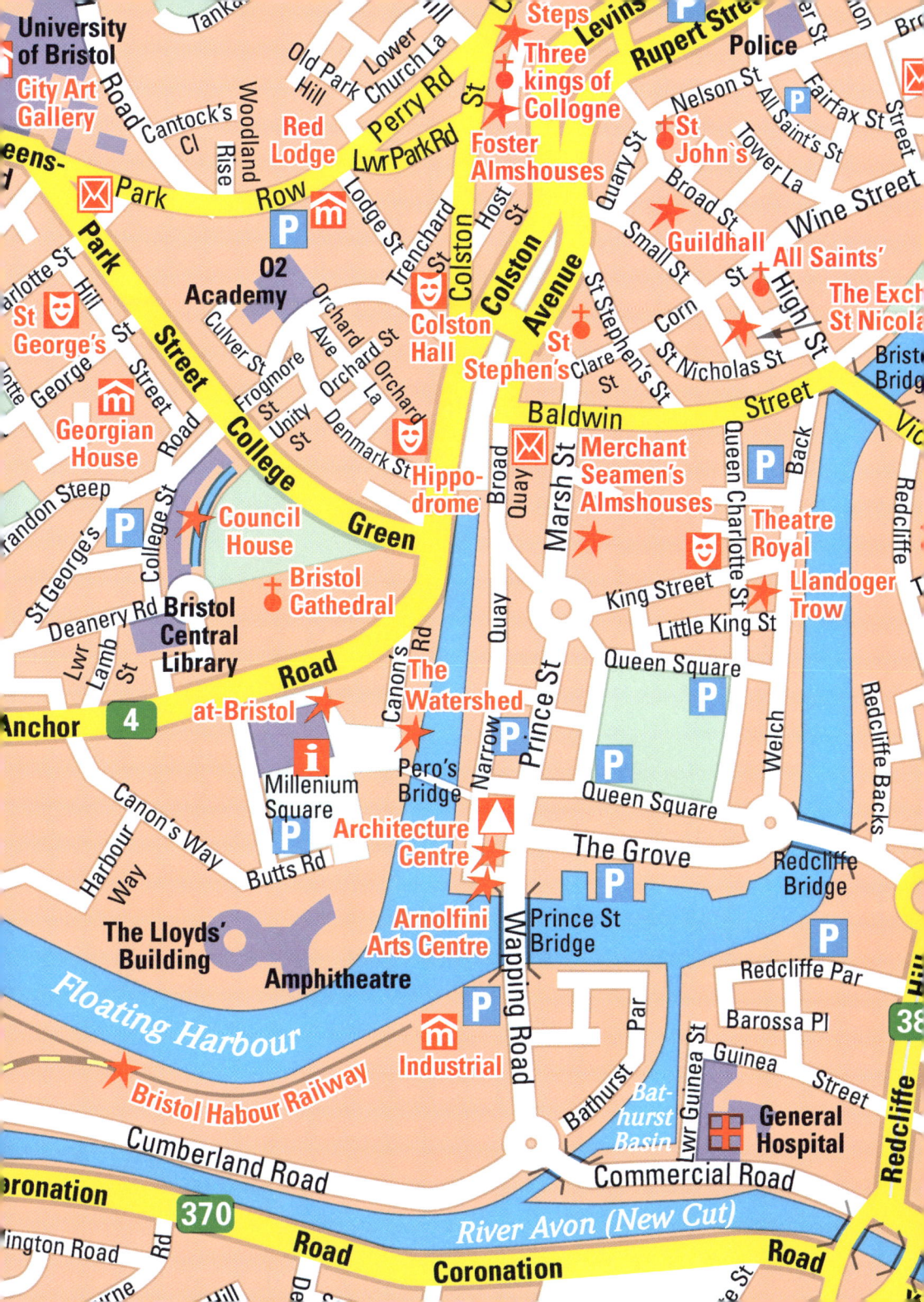

BRILLIEREN SIE IN DER BRETAGNE

Die Halbinsel Bretagne liegt ganz im Westen Frankreichs. Die Gallier nannten sie »Armorica« – »Land am Meer«. Hier nehmen wir die Bucht von Brest, der westlichsten Großstadt Frankreichs, unter die Lupe. Eine Brille reicht aber sicher auch aus.

■ Zählen Sie mal!

1 Zählen Sie alle gelben Schilder für die Departement-Straßen.

2 Wie oft kommt in den Wörtern auf der Karte ein »Pen« vor?

■ Für Sprachgewandte

3 In welchem Ort steckt der Name »Kevin« drin?

4 Wo auf der Karte steht ein Spanier?

5 Nun suchen Sie nach der »Dreieinigkeit«.

6 Wo befindet sich LORD TESU? Lösen Sie das Anagramm, um seinen Standort zu ermitteln.

■ Große Namen

7 Entdecken Sie auf der Karte den Vornamen der Präsidentin der Europäischen Zentralbank? Ihr Nachname: Lagarde.

■ Wer weiß was?

8 Stöbern Sie auf der Karte nach einem Londoner Fußballverein.

9 Suchen Sie einen irischen Heiligen, der im 7. Jahrhundert nach Frankreich segelte. Er ist der Schutzheilige der Gärtner.

PILGERN NACH SANTIAGO DE COMPOSTELA

Santiago de Compostela, die Hauptstadt der spanischen autonomen Gemeinschaft Galicien, ist das Ziel aller Jakobsweg-Pilger. Pilgern auch Sie ein wenig durch diese Gegend - zumindest auf der Karte!

■ Gucken Sie genau!

1 Finden Sie Cabo Fisterra – das »Ende der Welt«.

2 Welche ist die niedrigste Zahl auf dieser Karte, die sich nicht auf einem Schild befindet?

3 Suchen Sie auf der Karte nach »Reis«.

■ Für Sprachgewandte

4 Welcher Ort auf der Karte ist auch dem Namen nach klein?

5 Suchen Sie – indem Sie das Anagramm lösen – nach der BAR MÁRTINES.

■ Große Namen

6 Hier spielt ein spanischer David weltmeisterlich Fußball. Finden Sie seinen Nachnamen!

■ Zählen Sie mal!

7 Einmal Volltanken, bitte! Zählen Sie alle Tankstellen auf der Karte.

8 Wie viel Mal lässt sich auf der Karte das Wort »Ponte« zählen, und zwar auch als Bestandteil anderer Wörter?

■ Zum Querdenken

9 Jetzt gönnen Sie sich ein Stück eines berühmten französischen Blauschimmelkäses.

KLEINER FELSEN IN DER BRANDUNG

Die westfranzösische Stadt La Rochelle – »Der kleine Felsen« – war im Mittelalter zeitweise der größte französische Hafen am Atlantik. Während des Zweiten Weltkriegs befand sich hier ein berüchtigter U-Boot-Bunker der Deutschen. Hier betrachten wir aber eine wunderschöne Karte La Rochelles aus dem Jahr 1773.

■ Gut in Form?

1 Von wo auf der Karte stammt dieser Ausschnitt?

■ Gucken Sie genau!

2 Finden Sie auf der Karte ein »Chateau« – ein »Schloss«?

3 Suchen Sie auf der Karte nach einem französischen St. Moritz.

4 Wo auf der Karte flaniert eine »Madame«?

■ Für Sprachgewandte

5 Kaufen Sie bei einer französischen Käsemacherin ein.

6 Buchen Sie Ihren Strandurlaub im HOTEL ALLACLIN. Lösen Sie das Anagramm, um herauszufinden, in welchem Ort es steht.

■ Wer weiß was?

7 Suchen Sie den Vornamen des amerikanischen Komponisten Bernstein, der unter anderem die »West Side Story« schrieb.

8 Und nun spüren Sie den Vornamen des deutschen Reformators Luther auf.

ST MARTIN
la Flotte
FORT
LA PRÉE
Bielles
les Noues Rivedour
S.te Rede
Maue S. de Sablanceau

p.te du Plomb
riere de Plomb
p.te de
la Repentie
p.te de
Sablanceau
Mon Tefon
la Bigue
p.te de chef
de Raie

p.te du Plomb
le Plomb
Pampin
la Passe
Feilly
la Leu
S.t Maurice
Redoute

l'Hoaumeau
la Gord

p.te des Minimes
ou de Courreilles
Anse de la Rour
Platin d'Angoulin
p.te de l

la Ripotelière
Puiault
la Fromagère
le Li-
gnon
la Motte
Liborcau

S.t Xandre
les Brandes
la Suze
Chaussesa
Chagnolet

Grelia
Mouil
Dompic
de D

LA ROCHELLE

B.de S.t Leonard
Perigny S.t Rogatier
Tadon
Aytré
Bougrenne Var atée
Buzay
Pont
de Pierre
Mine
mar
Montmorillon
Ramigoux
Salles
Montaigne
la Jeune

Beau
regard
P

Clavet
la Jarne
Chassa gne

le
Japier

D'ANTIOCHE

Angoule

D'A

A
Mo

Antioche

Rillon
Chatellaillon
St Vivier

ban des Repos

Banc de la Longée

p.te de la Tour

ISLE D'AIX

les Fontaine

Maroui
let

le Rocher
Yves

p.te des Boulassiers

le Bayart

p.te de l'evediment
Biais aux Anglois
I. d'Enet
Anse d'Yors et de Fvaras

de Roche
L. d'Yve

Fouras
Touche

dier
la
null Brée
les
Boulassiers
Chauere
S.t Georges
rée

Foulerot

Embouchure de la
Charente

chai   de S.t Lauren

Saucelles
la
Vignerie
Caunderie
eur   S.t Gilles
S.t Pierre
la Valiniere
l'Aubier
les Allais
Beauregard
les Grissautier es
le Colombier
Dolus
B. de S.t
André de Dolus
la
Parée P.te

p.te des Saumnars

I. Madam
p.te de Villemont

Redoute

Saumar

Fort de
la Pointe

Barques
Combauchere
Panthumiere B.Na
S.t
Froul
Son

courreau

p.te du Dou
NOTRE DAME
DU CHATEAU
D'OLERON

Mo

STADTBUMMEL DURCH BARCELONA

Das am Mittelmeer gelegene Barcelona ist nicht nur die zweitgrößte Stadt Spaniens, sondern auch die Hauptstadt Kataloniens. Einige Eigenheiten Kataloniens werden Sie auch auf dieser Karte entdecken!

■ Gucken Sie genau!

1 Sie möchten eine Ansichtskarte versenden. Wo tun Sie dies?

2 Wo auf der Karte röhrt der Hirsch?

■ Große Namen

3 Finden Sie eine Straße, die nach einem spanischen Maler benannt wurde, der unter anderem einmal eine »Rosa Periode« hatte.

4 Gesucht ist ein katalanischer Künstler, der von 1879 bis 1961 lebte.

■ Wer weiß was?

5 Kennen Sie die »Rocky«-Filme? Dann wissen Sie sicher auch, wie Rocky mit Nachnamen heißt. Finden Sie ihn auch auf der Karte?

■ Zählen Sie mal!

6 Zählen Sie alle mit einem Symbol eingetragenen Museen auf der Karte.

7 Wie oft kommt das Wort »Carrer« in ausgeschriebener Form vor?

■ Für Sprachgewandte

8 Suchen Sie auf der Karte nach einem »Ausweg«.

9 Fischen Sie nach einem spanischsprachigen »Fischer«.

GIRONDE UND MÉDOC

Die Gironde ist ein sogenanntes Ästuar, eine trichterförmige Flussmündung bei Bordeaux im Südwesten von Frankreich. Daneben erstreckt sich die dreiecksförmige Halbinsel des Médoc, bekannt für seine Dünen und den Weinbau.

■ Gucken Sie genau!

1 Suchen Sie auf der Karte nach einer »Antenne«.

2 Wo auf der Karte befindet sich eine »Bourg«?

■ Für Sprachgewandte

3 Welche Stadt verbirgt sich in dem Anagramm CHEFROTOR?

■ Zählen Sie mal!

4 Wie oft kommt auf der Karte das Wort »Médoc« vor?

5 Fliegen Sie auf Flugzeuge? Zählen Sie, wie viele vollständig abgebildete Flugzeuge sich auf der Karte befinden.

■ Wer weiß was?

6 Nach welcher Stadt auf der Karte wurde ein Weinbrand benannt?

7 Diese Heilige war die Mutter Konstantins des Großen.

■ Zum Querdenken

8 Finden Sie eine Fast-Börse mit der ehemaligen französischen Währung.

SPAZIERGANG DURCH VERSAILLES

Wir befinden uns unweit der französischen Hauptstadt Paris in Versailles, das durch das gleichnamige Schloss weltberühmt ist. Der Sonnenkönig Ludwig XIV. ließ es einst zu einer der größten Palastanlagen Europas ausbauen.

■ Gucken Sie genau!

1 Suchen Sie nach der französischen Großstadt Toulouse.

2 Und nun finden Sie die im Zentralmassiv gelegene Großstadt Limoges.

■ Für Sprachgewandte

3 Führen Sie uns bitte zum Bahnhof.

■ Zählen Sie mal!

4 Zählen Sie alle – hellblau dargestellten – Wasserflächen.

5 Wie oft finden Sie – auch innerhalb eines Wortes – eine »Dame«?

■ Große Namen

6 Suchen Sie einen französischen Staatsmann, der von 1841 bis 1929 lebte. Sein Vorname: Georges.

7 Entdecken Sie auf der Karte den Namen eines sehr berühmten Sultans?

8 Finden Sie diesen Namen, dann sind Sie reich wie ...

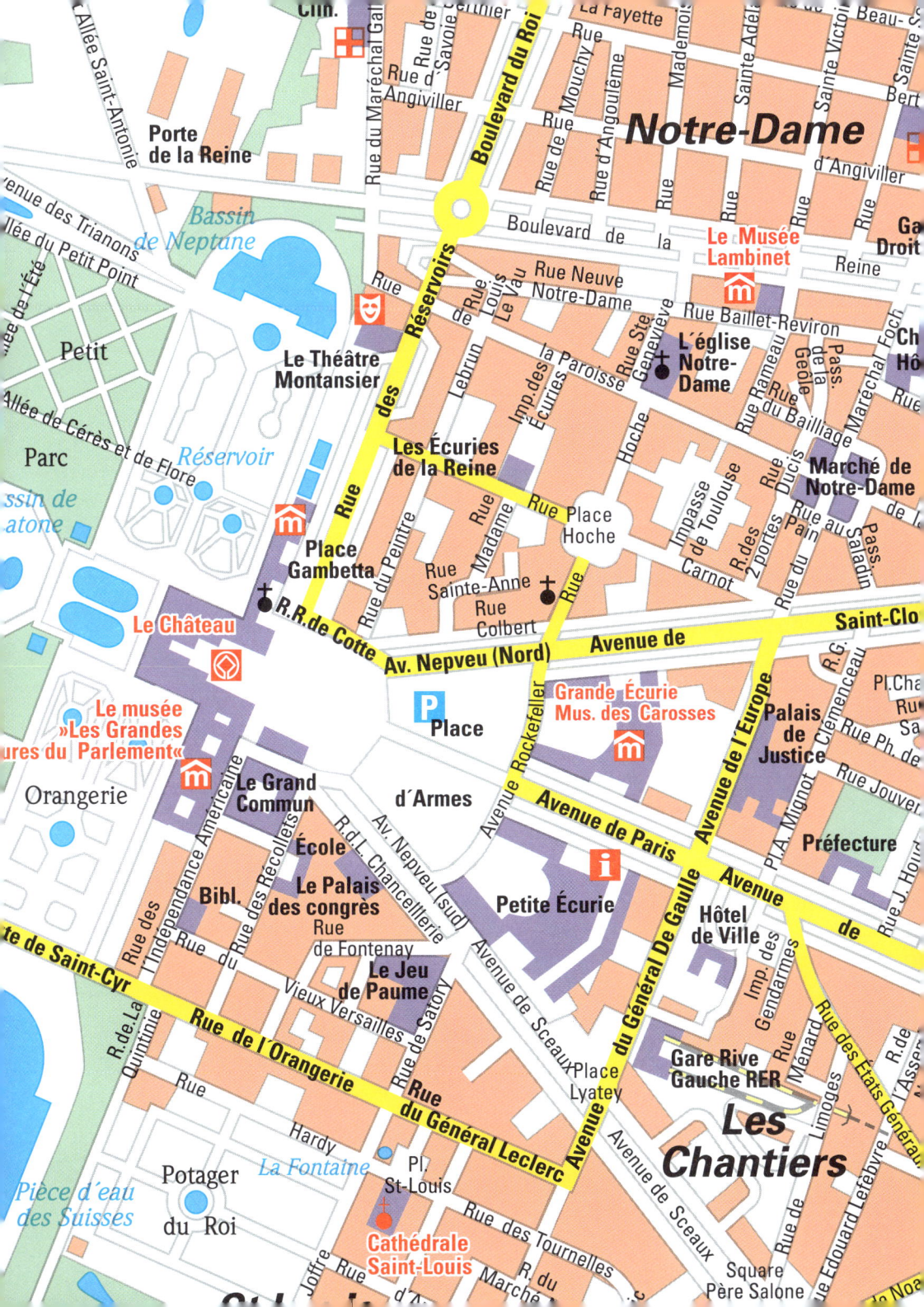

ZU GAST BEI GRAF DRACULA

Transsilvanien – auch Siebenbürgen genannt – liegt im südöstlichen Teil der Karpaten und zeichnet sich durch eine wechselvolle Geschichte aus. Hier ist auch der Vampir »Graf Dracula« beheimatet. Vergessen Sie also bei Ihrem Rundgang durch Transsilvanien den Knoblauch nicht!

■ Gucken Sie genau!

1 Suchen Sie auf der Karte nach dem »Reismarkt«.

2 Und wo befindet sich das Wort »Regen«?

3 Finden Sie einen Ortsnamen mit sechs Buchstaben, der auf der Karte zweimal vorkommt.

4 Wo entdecken Sie einen »Marsch«?

■ Für Sprachgewandte

5 Wo spielt der WALTZ AMIDO? Lösen Sie das Anagramm, um den Ort ausfindig zu machen.

■ Wer weiß was?

6 Finden Sie auf der Karte den Vornamen des »Columbo«-Darstellers.

7 Welches Wort steht für eine baumarme Steppe in Europa?

■ Zählen Sie mal!

8 Wie viele Wörter auf der Karte enden auf »ka«?

9 Und wie viele Wörter haben die Endung »cz«?

Kusnicza
Berezna
Szeles
Lonka
Huszth
Theiss
Nyereshaza
Halmi
Avas
Ujfalu
Remete
Batiz
Tumethi
Erdod
Szada
Beltek
Egerbat
Kapolnok
Teles
Tohat
Lapos
Hordo
Sibo
Gaigo
Naszod
Dees
Kendermezo
Puszta
Szilagito
Sz Mikaly
Szamos
Ujvar
Berend
Gyalu
Klausenburg
Thorda
Marisel
K.Banya
Pocsaga
Fel Vincz
N.Iklind
TRANSYLVANIA
almagy
Kemete
Fenyed
Zalathna
Saard
Brad
Balasfalva
Jam Mika
Karlsburg
M.Brettye
Mullenbach
Deva
Reismarkt
Ujgyhaz
Bacsi
Kudsir
Szecset
Sugac
Hatzeg
Hermanstadt
Vesteny
Gureny
Puy
Petrilla
Bar
trosnicza
Livad
isch
Eastern Carpathian Mountains

Krasznahora
Kormacz
Pystin
Kuty
Iassenow
Stroscheni
Apaitza
Shipika
Dawiden
Putilla
Szigeth
Nessipitut
Neu Frac
Szundok
F.Viso
Ropotschel
Marso
Sutschawa
Moldawitza
Turkupar
Kimpolan
Mayor
Neu Radna
BUKOVINA
Voraria
Bistritz
Budak
K.Budak
Kovesd
Toplitza
Teke
SzaszRegen
Libanfalva
Varhegy
Remele
Gyergyo
M.Bana
Remete
Vaclab
Maros
Vasarhely
Korond
Keresztur
Udvarhely
Csik Sz
Medgyes
Segesvar
Szasz Kezd
S.Peter
Bacs
S.Agotha
N.Sink
Foldvar
Sarkany
Krons
R.Aluta
Ucsa
Fagaras
Porumbak
S.Ivany

BEAUCOUP DE PLAISIR IN PARIS

Schreiten Sie über den berühmten Pont Neuf über die Seine auf die Île de la Cité, den ältesten Teil der französischen Hauptstadt. Staunen Sie über die beeindruckenden Bauwerke und genießen Sie die sprichwörtliche französische Lebensart!

■ Gucken Sie genau!

1 Wo auf der Karte steht eine Reiterstatue?

2 Finden Sie die »Conciergerie«?

■ Gut in Form?

3 Wir werden wieder etwas förmlich: Woher stammt dieser Ausschnitt?

■ Große Namen

4 Wo auf der Karte steht der Vorname des französischen Philosophen de Montaigne?

■ Zählen Sie mal!

5 Zählen Sie, wie oft auf der Karte »Palais« geschrieben steht.

6 Jetzt brauchen Sie einen scharfen Blick: Zählen Sie alle vollständig abgebildeten Boote ohne Dach.

■ Für Sprachgewandte

7 Finden Sie ein RIE LIBERAL – lösen Sie das Anagramm, um es aufzuspüren.

■ Wer weiß was?

8 Zeigen Sie auf den Namen eines berühmten Pariser Warenhauses – mehrfach erweitert im Stil des Art déco.

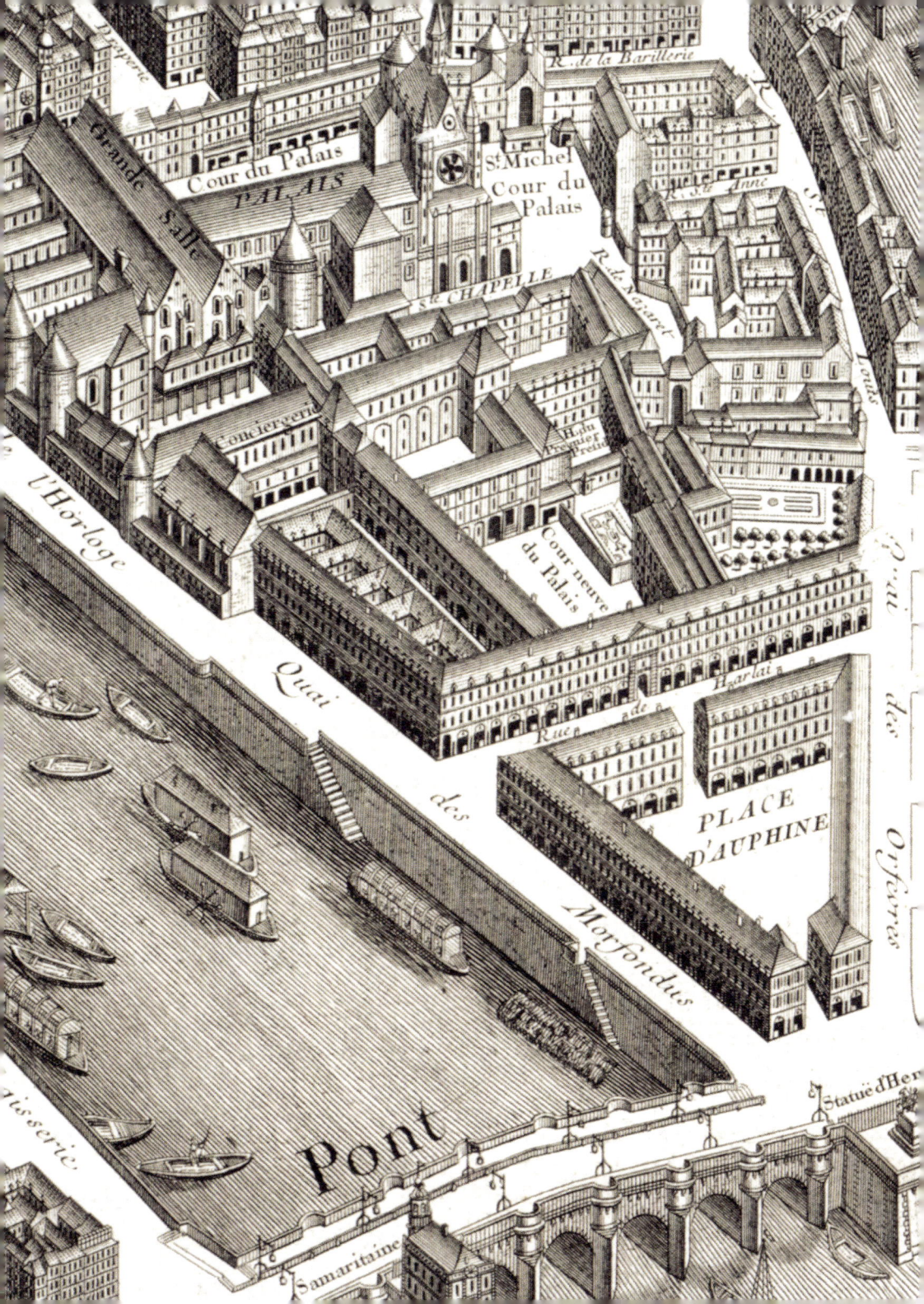

FLAGGE ZEIGEN FÜR EUROPA

Auf dem europäischen Kontinent liegen je nach Grenzziehung zwischen Europa und Asien etwa 47 Staaten, entweder ganz oder teilweise. Hier zeigen wir Ihnen die Flaggen von acht dieser Staaten. Gelingt es Ihnen, diese korrekt zuzuordnen?

1 Auf der Flagge des Fürstentums Liechtenstein wird ein »Fürstenhut« dargestellt.

2 Ein »skandinavisches Kreuz« ist auf der Flagge Norwegens zu sehen.

3 Die Flagge Andorras zeigt in der Mitte das Wappen des Zwergstaats in den östlichen Pyrenäen.

4 Die Farben auf der Flagge Estlands symbolisieren Treue und Vertrauen, die Vorfahren und die Vergangenheit sowie Schnee und die Zukunft, also quasi den »Schnee von morgen«.

5 Die Flagge Nordmazedoniens zeigt die in der Nationalhymne des Landes erwähnte »Sonne der Freiheit«.

6 Auf der Flagge San Marinos sehen Sie unter anderem – mit ein wenig Fantasie – den Himmel sowie Wolken und Schnee.

7 Auf der Flagge der Republik Kosovo ist der Kosovo selbst abgebildet.

8 Auf der Flagge Zyperns sehen Sie die Form Zyperns.

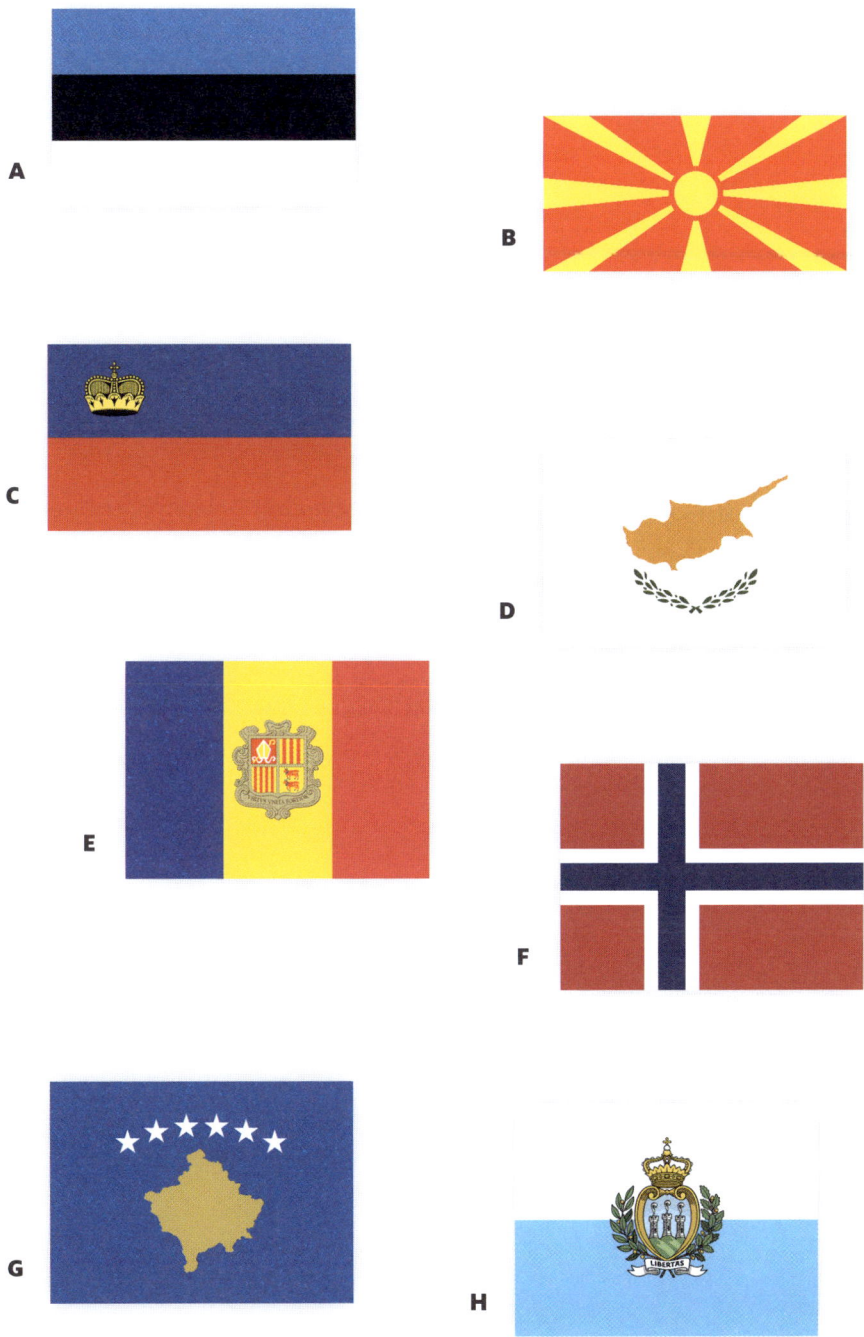

A

B

C

D

E

F

G

H

ERKENNEN SIE DAS LAND?

Beim Blick auf eine Europakarte kann man meist rasch die einzelnen Länder erkennen. Aber was ist, wenn Sie nur den Umriss sehen? Bringen Sie die Textbeschreibungen mit dem passenden Umriss zusammen und nennen Sie das jeweilige europäische Land!

1 Dieses Land wurde am 1. Juli 2013 der 28. Mitgliedsstaat der Europäischen Union.

2 Die Hauptstadt dieses Landes heißt Vilnius.

3 Hier wird nur der europäische Teil dieses Königreichs gezeigt. Die drei weiteren Teile liegen in der Karibik und heißen Aruba, Curaçao und Sint Maarten.

4 Dieses Land bildete bis Ende 1992 einen gemeinsamen Staat mit der Slowakei.

5 Der westliche Teil dieses Staates wird Jütland genannt.

6 Zu diesem Land gehören auch die Inseln der Azoren.

7 Eine Hochgebirgsregion in diesem Land sind die »Hohen Tauern«.

8 In der Landessprache heißt dieser Staat »Suomen tasavalta«.

9 Zu diesem Land gehören über 3000 Inseln, von denen allerdings weniger als 90 bewohnt sind.

10 Dieser Staat hat vier Amtssprachen.

SKYLINE-RÄTSEL: STÄDTE-REISE IN EUROPA

Nun stehen elf Städte-Trips auf dem Programm. Stellen Sie uns mit Ihrem Wissen in den Schatten und finden Sie heraus, welche Städte hier mit ihren Skylines dargestellt werden.

1 Eine weniger bekannte Sehenswürdigkeit in dieser Metropole ist der hinduistische Neasden-Tempel.

2 Diese Stadt gelangte 2004 durch eine Serie islamistisch motivierter Terroranschläge in die Schlagzeilen.

3 Die Eremitage in dieser Stadt zählt zu den bedeutendsten Kunstmuseen der Welt.

4 Der 5. Bezirk in dieser Stadt trägt den Namen »Panthéon«.

5 Dies ist die größte Stadt der Europäischen Union, die nicht Hauptstadt ist.

6 Durch diese europäische Hauptstadt fließt die Weichsel.

7 In dieser Stadt können Sie unter anderem über eine »Engelsbrücke« gehen.

8 Die unvollendete Kirche »Sagrada Família« in dieser Stadt ist unverwechselbar und weltberühmt.

9 Das höchste Bauwerk dieser größten Stadt Europas ist der 540 m hohe Ostankino-Fernsehturm.

10 Diese Stadt beherbergt unter anderem die älteste unzerstört erhaltene Synagoge Europas.

11 Von 1961 bis 1989 trennte eine Mauer diese Stadt in zwei Teile.

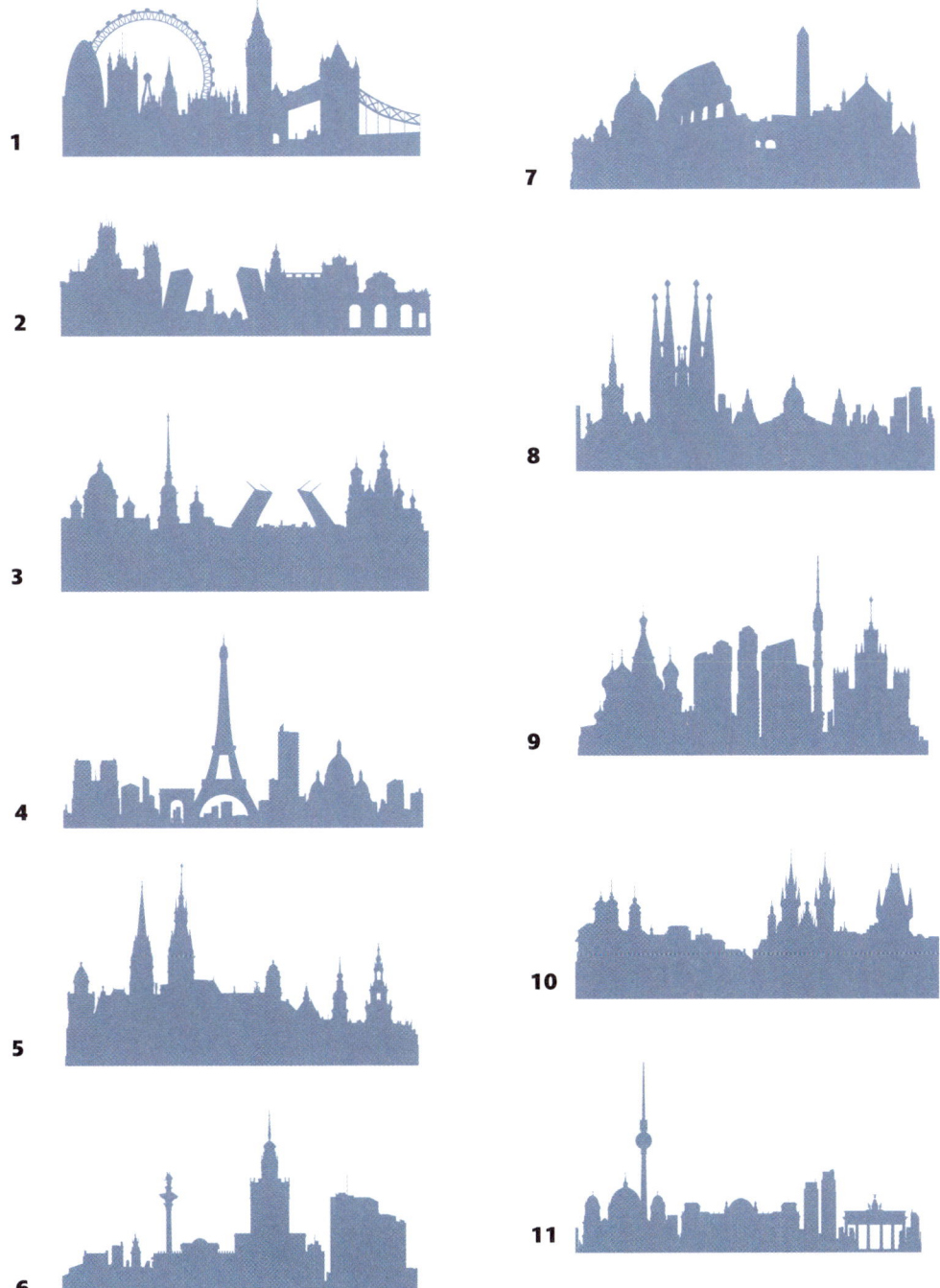

1

2

3

4

5

6

7

8

9

10

11

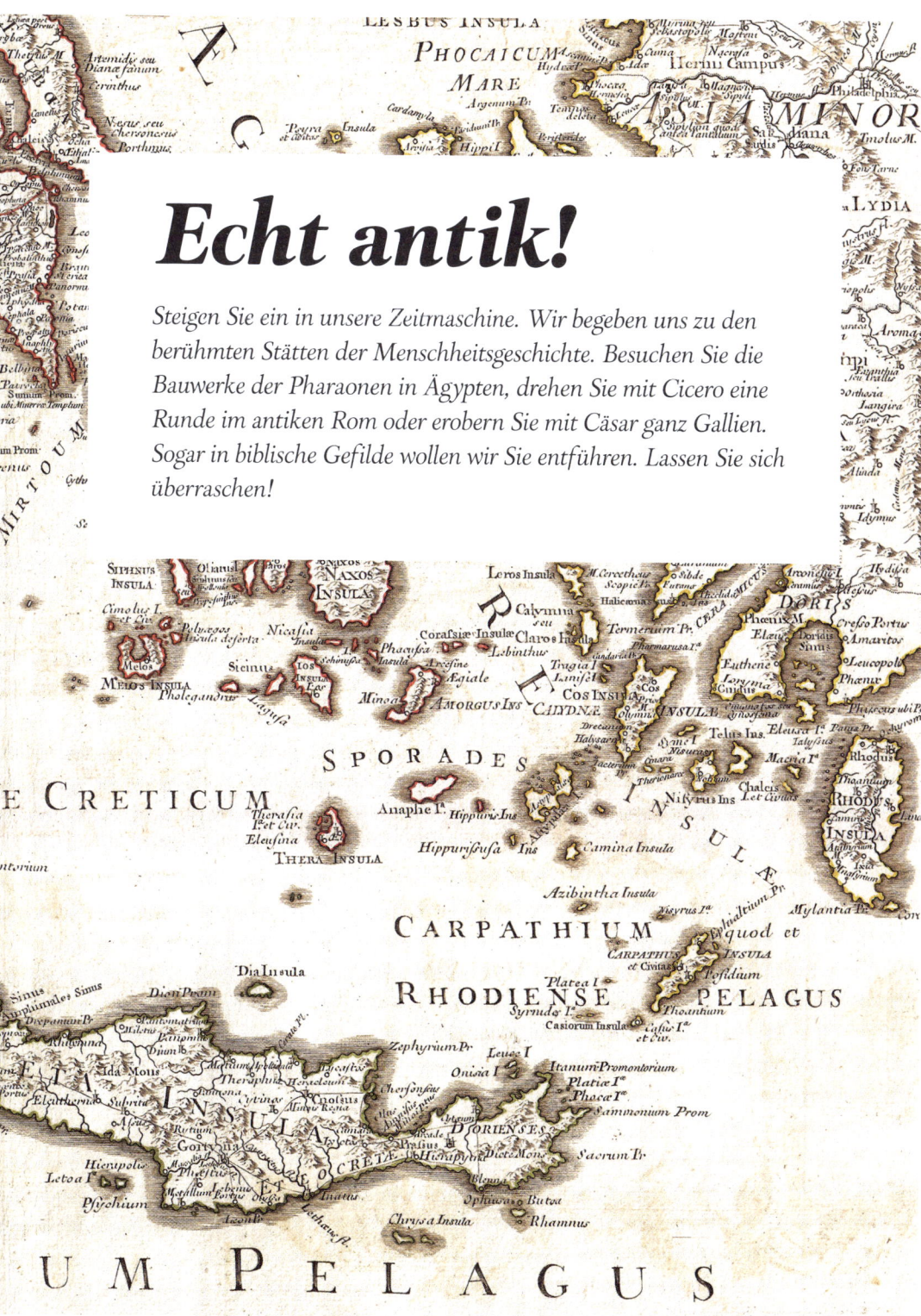

Echt antik!

Steigen Sie ein in unsere Zeitmaschine. Wir begeben uns zu den berühmten Stätten der Menschheitsgeschichte. Besuchen Sie die Bauwerke der Pharaonen in Ägypten, drehen Sie mit Cicero eine Runde im antiken Rom oder erobern Sie mit Cäsar ganz Gallien. Sogar in biblische Gefilde wollen wir Sie entführen. Lassen Sie sich überraschen!

SALOMOS JERUSALEM

Jerusalem, heute die Hauptstadt Israels, zählt zu den ältesten Städten der Welt. Wir begeben uns auf dieser Karte in die biblische Zeit des Königs Salomo und seines legendären Tempels. Können Sie es mit Salomo an Weisheit aufnehmen?

Für Sprachgewandte

1 Entdecken Sie auf der Karte eine englischsprachige Schule?

2 Welcher Name verbirgt sich auf der Karte hinter dem Anagramm ANIS TOUCH?

Zählen Sie mal!

3 Wie oft steht auf der Karte der Name »Solomon«?

4 Wie viel Mal steht auf der Karte »Palace« geschrieben?

5 Sie können inzwischen sicher bis 3 zählen – aber zählen Sie auch alle »3«?

6 Zählen Sie alle Personen – selbst als Denkmal!

Gut in Form?

7 Welcher Stelle auf der Karte entstammt dieser Ausschnitt?

Zum Querdenken

8 Finden Sie auf der Karte eine Frau namens »Anna«.

9 Pfeifen Sie auf das sechste Gebot und suchen Sie nach einer Affäre!

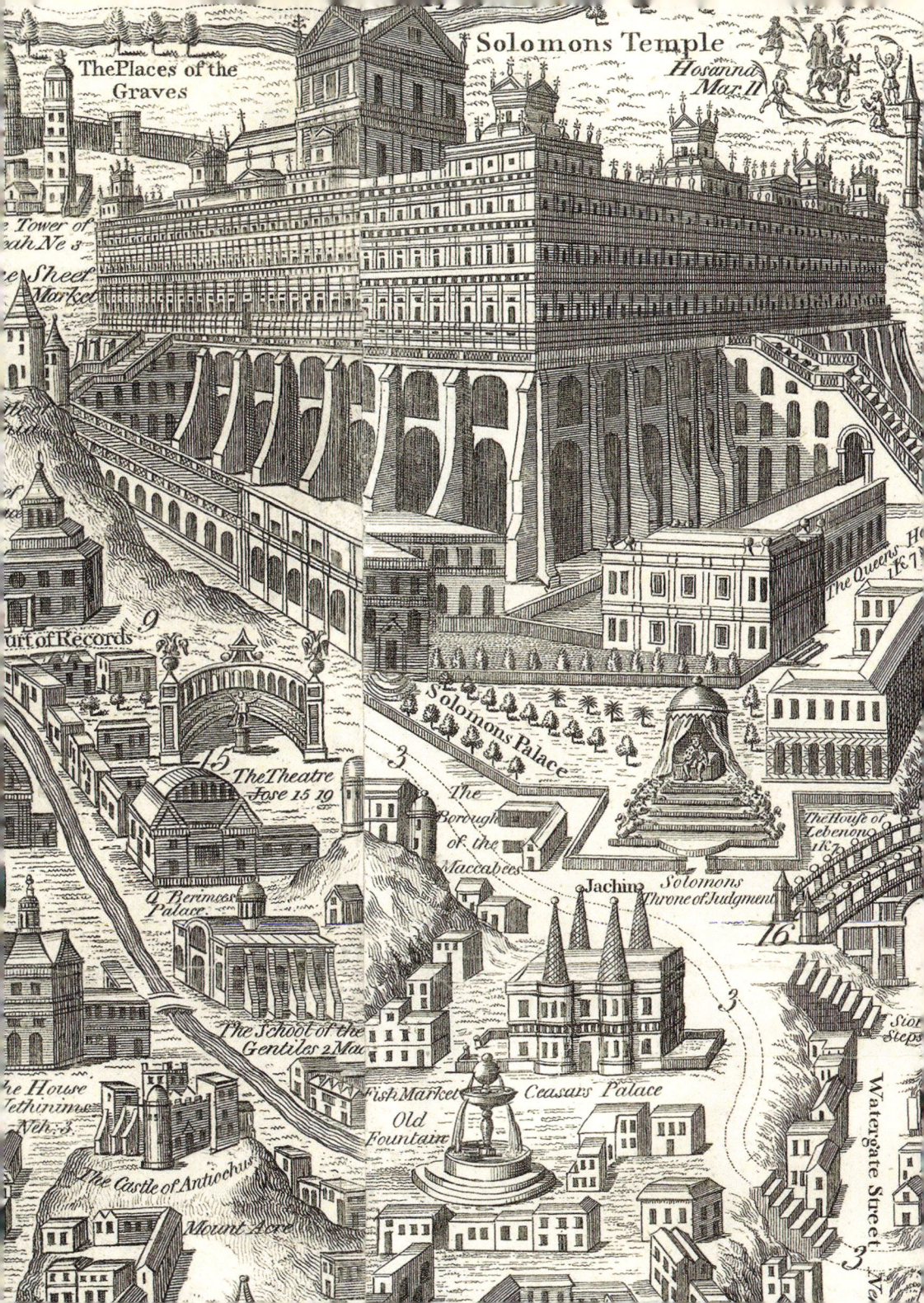

The Places of the Graves

Solomons Temple

Hosanna Mar. II

e Tower of ah Ne 3

e Sheep Market

The Queens Ho IK 7.

urt of Records

9

Solomons Palace

15 The Theatre Jose 15 19

3

The Borough of the Maccabees

Jachin

The House of Lebenon IK 7.

A Berinces Palace.

Solomons Throne of Judgment

16

3

The Schoel of the Gentiles 2 Mac

Sion Steps

he House ethinims Neh. 3.

Fish Market Old Fountain

Ceasars Palace

Watergate Street Ne

The Castle of Antiochus

Mount Acre

3 Ne

EINLADUNG IN DEN GARTEN EDEN

Den Apfel lassen Sie aber schön hängen! Betreten Sie auf dieser alten Karte das Paradies, umrunden Sie den Turm zu Babel und entdecken Sie weitere Orte aus biblischer Zeit. Doch Vorsicht: Selbst im Paradies erwarten Sie knifflige Rätsel und Aufgaben!

■ Gucken Sie genau!

1 Unternehmen Sie einen Ausflug ins »Paradys«.

2 Wo fließt der »Tigris«?

3 Finden Sie auf der Karte eine Bibelstelle.

■ Zum Querdenken

4 Dieser Ort klingt ähnlich wie ein Teilgebiet der Mathematik.

5 Wo versteckt sich eine »Elite«?

■ Zählen Sie mal!

6 Zählen Sie alle nur mit einem roten Kreis – also ohne Bauwerke – gekennzeichneten Orte.

7 Babylonische Sprachverwirrung: Zählen Sie alle in einer Zeile stehenden »Bab«.

■ Für Sprachgewandte

8 Wo liegt IN VEIN – etwa in der Vene? Lösen Sie das Anagramm, um es herauszubekommen.

■ Wer weiß was?

9 Finden Sie einen weiblichen Vornamen, der sich vom griechischen Gott des Lichtes und der Künste ableitet.

ccad

ASSIRIEN

Ninive alwaer
Ionas Predickte

Appolonia

rchte
osten Betum

Arthemitha

Labbama   Birta

Mosul   Thelbe

Calne

Seleucia

Ragu

fa CALDEA.

Sephar   Ur
Dimatra   Babel

Den Tooren van Babel

Clossphon

Phrath Flu.

EDEN

Pethor
van hier wert Bi:
liam gehaelt om Israel
te vloecke. Nume. 22. 5.

Volgesia

Riviere Gihon

't Lusthof ofte

hauna

Barsita   Gihon flu.   't Paradys

Addea   Bela   Agra

Eudrapa   Duraba

Melitena

Babel   Beana

Rivier Pison

HA:
16

Idicara

Cesa   Cumana   Pun da

Erech

Orchoa   Arac   Tar

Biramba
Gihon de Riviere   16

AVI:R.

Telme   Talatha

Dese Rieviere
Pison wert oock
genaemt Tigris
fluvius   Asichia   G

Sortida   Iamba   16

Teredon   Passinivallum

'tBabilonis

uma

LA

Tigris flu.
R. Pison

ZU BESUCH BEI KLEOPATRA

Kleopatra VII. war die Geliebte von Gaius Julius Cäsar – und wir verlieben uns in diese antike ägyptische Landkarte. Lösen Sie knifflige Aufgaben von Crocodilopolis bis zum Nildelta!

■ Gucken Sie genau!

1 Suchen Sie auf der Karte nach einem »Labyrinthus«.

2 Graben Sie ein ägyptisches »Troia« aus.

■ Für Sprachgewandte

3 Finden Sie einen Wortteil mit fünf Buchstaben, von denen 3 ein »e« sind.

4 Orten Sie SAMI TATI, indem Sie das Anagramm lösen.

■ Zählen Sie mal!

5 Wie viele Ortsbezeichnungen auf der Karte enden auf »polis«?

■ Wer weiß was?

6 In welchem Ort steckt der griechische Gott des Weines?

7 Wo auf der Karte lässt sich ein griechischer Buchstabe lesen?

NILI SEPTEM OSTIA

Bolbitinum Ostium
Sebennyticum Ostium
Phatmaticum Ostium
Mendesium Ostium
Taniticum Ostium
Pelusium Os

Bolbitine
Tamiatis
Pelusium
Pharbus
ELEAROHIA
Heracleum
Metelis
Parhnamanis
Mendes
Penta Schoma
Butus
Omuphis
Cabasa
Sebennytus
Thmuis
Tani
Naucratis
Momemphis
Sais
Busiris
DELTA PARVUS
Hermopolis Parva
Bubbus
Xois
INFERIOR
AUGUSTAMNIC
Tana
Leontopolis
Daphnae
Andropolis
Phacusa
Aphrodites
Bubastus
Tacasarta
Phagronopolis
Terenuthis
Pharbathus
Heroopolis
AE G Y P T U S
Scithiaca
Regio
Cercesura
Heliopolis vel On
Serapium
Babylon
Arsinoe
vel Cleo
Clysma
Pyramides
Etham
SINUS
Memphis
Troia
Acanthus
Scenæ Mandrorum
Mœris L.
Aphroditopolis
Banchis
Arsinoe vel Crocodilopolis
Dionysias
Labyrinthus
Heracleopolis Magna
Mendes Regis
Ptolemais
Oxyrynchus
Hipponon
AEGYPTI ANOMIS
Nilus Fl.
Acanthon-polis
Anubicus

Maeotis L.
Canopus Ostium

GANZ GALLIEN IST VON DEN RÖMERN BESETZT

Ja, sind wir denn bei »Asterix«? Nun, das nicht. Aber wir begeben uns nach Gallien, das einst Julius Cäsar in einem blutigen Feldzug eroberte. Schauen wir uns den römisch besiedelten Ausschnitt links des Rheins an.

■ Zählen Sie mal!

1 »Fines« ist das lateinische Wort für »Gebiet« oder »Grenze«. Wie viele »Fines« finden Sie?

2 Zählen auf Römisch: Wie viele römische Zahlen mit einem Strich darüber entdecken Sie auf der Karte?

■ Zum Querdenken

3 Suchen Sie auf der Karte nach einem Beinahe-Helden.

■ Wer weiß was?

4 Besuchen Sie eine ehemalige Hauptstadt Deutschlands.

5 Wo auf der Karte taucht die Mutter des berüchtigten römischen Kaisers Nero auf?

6 Ein Moselwein, der schmeckt gar fein. Doch wo fließt eigentlich die Mosel?

7 Suchen Sie auf der Karte nach einem Plattenlabel.

8 Nach dieser Gegend wurde eine bekannte Offensive des Zweiten Weltkriegs benannt.

erma...nia II. quæ et Inferior.

NERVII. LEVACI.
DIABLINTRES.
CENTRO-
NES.
BEL-
ADVATICI.
EBV-
RONES.

Attuacutum,
et Tungri.

Herculis
castra
Coriovallum
Tiberiacum
Traiectum
Eburonia Iuliacum
Leodicum
Perviciacum

VB II.
Burungum
Durnomagum
Col. Agrippina
Quadribur-
gium
Marcodurum
Bonna
Traiana legio
Autunnacu
Confluc

Pons
Scallis
Vodgoriacum
Geminiacum

Valenti
ne
Bagacum
Duronum

CONDRVSI. CERE SII.

SEG NI.

Ar denna silva.

Sabis flu.
Ad Fines

Luhenum

Arebrienum
Tolbiacum

Nivomagum
uhan
Rigod

TREVI.

RI.

Verbinum

Catusiacum
Minaticum

Mucena

SIONES.
flu.

Fines
Basilia
Durocur-
tum

Bibrax

Fan.
Minerue

Catalaunum et
Cavillonum

Ariola

Caturriga

Virungo

Axuenna

Viro dunum

Orolaunum

Epoisus

MEDIOMATRICES.

Fines

Ibliodyrum

Scarpona

Nasium

Andeth
analtis
Aug. Treviro

Castra
Sarte

Divodurum

Decempagi

Tultum

VAN

NE

Baudobrica

Saruus flu.

GI-

sia.

Taberne

TRIBO

Helvetii

CATHE LAVNI.

Austra

LVG-

Mattona fluo.

Artiaca

Tricassium Augusto
uana
Ptol.
TRICAS
SINI.

Sequana fluo.

sis IIII.

Andoma
tunum

LINGO-
NES.

Mosella fluuis

Solima-
riaca

LEVCI.

Rom aricus
mons

Argentuaria

Vrunca

ONES.

dunen-

Eburobrica

DVN-

Tricquetum Ptolom.
Ihunum Cæs.
Nemosus Stra-
bonis

Sidoleucum

Alexia

MANDVBI I.

Ienus mons

Arar fluo.

Mosa flu:

BVRGVNDIONES.

Germania I.
quæ et Superior.

Arialbin.

Olino

RAVRACI

Magotrobia

Lugdunensis V.

Vesontio

VANI.

Aldiatia fluo.

Didattium

Olius mons

Arialbin.

BROT UND SPIELE IM ALTEN ROM

Auf dieser Karte machen wir einen Sprung in das Rom der Kaiserzeit. Im Circus Maximus sieht man schon die Marmorstufen, die Julius Cäsar als bequeme Sitze für die Zuschauer einbauen ließ. Unter dem Jubel der Massen fanden hier die berühmten Wagenrennen und Wettkämpfe statt.

■ Gucken Sie genau!

1 Suchen Sie auf der Karte nach Wasser.

2 »Pompei« in Rom? Schauen Sie mal nach!

3 Wo auf der Karte lesen Sie das Wort »Forum«?

■ Wer weiß was?

4 Doppeltes Glück: Finden Sie auf der Karte zwei Glücksgöttinen.

■ Große Namen

5 Nun stöbern Sie nach einem römischen Kaiser (in abgekürzter Form), der von 63 v. Chr. bis 14 n. Chr. lebte.

■ Zählen Sie mal!

6 Zählen Sie alle »Domus« (DOMVS) in ausgeschriebener Form.

7 Als Nächstes zählen Sie alle »Vicus« (VICVS).

■ Für Sprachgewandte

8 Suchen Sie nach einer Straße des Vertrauens.

9 Welche Buchstaben kommen in den beiden Wörtern »Circus Maximus« jeweils nur genau einmal vor?

Reif für die Insel

In diesem Kapitel entführen wir Sie auf einsame und abgeschiedene Inseln rund um den Erdball. Idealer Fluchtpunkt vor der täglichen Dauerberieselung aus Politik-News und WhatsApp-Nachrichten. Langweile kommt dennoch nicht auf, im Gegenteil: Sie durchwandern zahlreiche Inselwelten und stellen sich aufregenden geografischen Rätseln. Gute Reise!

MALERISCHES MALLORCA

Die Baleareninsel Mallorca hat aufgrund des allgegenwärtigen Massentourismus einen schlechten Ruf. Doch abseits der Touristenmassen entdecken Sie eine wunderschöne, malerische Mittelmeerinsel, die viel zu bieten hat – unter anderem auch knifflige Rätsel!

■ Zählen Sie mal!

1 Zählen Sie alle »Cap«.

■ Für Sprachgewandte

2 Finden Sie auf der Karte einen Ort aus Gold.

3 EN ARCILLO – welcher Ort versteckt sich in diesem Anagramm?

4 Wo auf der Karte finden Sie einen »Retter«?

■ Gucken Sie genau!

5 Suchen Sie auf der Karte den höchsten Berg Mallorcas.

■ Wer weiß was?

6 Zeigen Sie auf den Ort, der durch den »Ballermann 6« berühmt wurde.

7 Finden Sie auf der Karte eine jordanische Ruinenstätte, die zum Welterbe der UNESCO zählt.

8 Von Palma de Mallorca bis zu welchem Ort fährt seit 1912 eine bei Touristen besonders beliebte Privatbahn?

9 Entdecken Sie auf der Karte eine indigene Kultur Südamerikas?

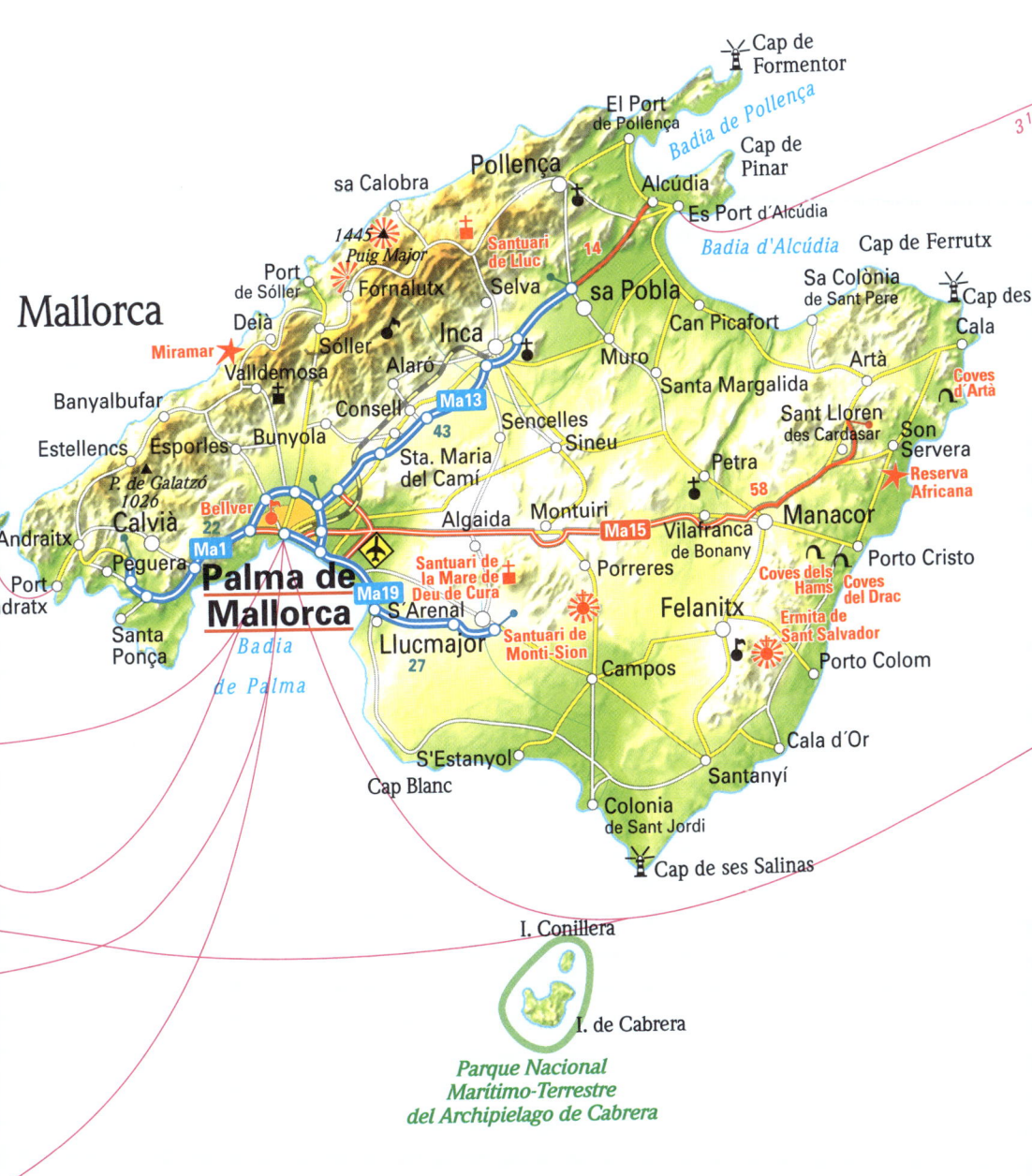

ISLE OF SKYE - SCHOTTLANDS INSEL DES NEBELS

Auch wenn wir uns nun nach Schottland begeben – geizen Sie nicht mit Ihren Geografie-Kenntnissen! Die Isle of Skye ist die größte Insel der Inneren Hebriden. Sie hat viele Schönheiten, aber auch viele Rätsel zu bieten.

▮ Gucken Sie genau!

1 Ganz schön viele Lochs hier! Und wo befindet sich der Loch Duagrich?

2 Finden Sie auf der Karte mindestens einen Kilt!

3 Statten Sie einem alten Mann einen Besuch ab.

▮ Für Sprachgewandte

4 Bringen Sie die Buchstaben des Namens BILL CHALK in die richtige Reihenfolge, um herauszufinden, wo sich dieser Herr gerade aufhält.

5 Teuflischer Ort? Er klingt fast wie der Satan.

▮ Zählen Sie mal!

6 Wie viele Leuchttürme zählen Sie auf der Karte?

7 Campingplatz gesucht? Zählen Sie, wie viele sich auf der Karte befinden.

▮ Große Namen

8 In welchem Ortsnamen steckt der 45. Präsident der USA?

9 Finden Sie eine schottische Heldin, deren Nachname wie der einer schottischen Sängerin mit dem Vornamen Amy lautet.

INSELN ÜBER DEM WINDE

Die »Inseln über dem Winde« sind der nördliche Teil der im Osten der Karibik gelegenen Kleinen Antillen. Besuchen Sie in Windeseile einige der Inseln dort und lösen Sie dabei knifflige Aufgaben!

■ Gucken Sie genau!

1 Die englische Stadt Bristol haben Sie ja vielleicht bereits besucht. Aber wo finden Sie die Stadt auf dieser Karte?

■ Für Sprachgewandte

2 Suchen Sie auf der Karte einen englischen Monatsnamen.

3 Nicht nur Franzosen schöpfen hier »Hoffnung«.

■ Wer weiß was?

4 Welche der Inseln wurde nach einer in Syrakus geborenen Heiligen benannt?

■ Zählen Sie mal!

5 Wie viele Ortsnamen auf der Karte enden auf »town«?

■ Große Namen

6 Finden Sie auf der Karte den Vornamen des Schauspielers und Oscar-Preisträgers Redford.

7 Von diesem Conrad stammt unter anderem der Roman »Heart of Darkness«. Entdecken Sie auf der Karte seinen Vornamen?

8 Nun suchen Sie nach dem 2016 verstorbenen Sänger von »Purple Rain«.

Bourg du Ballif

F.S. Sauveur   Bourg au vieux Fort de Marie Galante

*la Basse Terre   Bourg de la   Bourg de la
                   Basse Terre   Cabesterre
F. des Saintes*

Pte. du Capucin

Rade du Prince Rupert   Anse du May

*I. DE. LA DOMINIQUE   C. François Monteur

Bourg des Roseaux   Charlotteville*

Lte. de Cachacrou   Pte. à Crabes

I. DE LA MARTINIQUE*

Macouba

la Perle   Cul de Sac de la Trinité
la Trinité   Cul de Sac Robert
F. S. Pierre   Cul de Sac François

*F. Royal

Cul de des Vauclain
C. Ferré
Cul de Sac S. Martin   F. des Salines

Cul de Sac S. Martin   Cul de Sac de l'Esperance

le gros Islot

*Anse du Choc

*le Carenage

Cul de Sac   Anse Mabouya
des Roseaux   I. STE. LUCIE

Pte. Chimachin   Cul de Sac des Savannes

le Gros Piton   Pte. Moulachique   Pte. Tonces   Andre
                                     Pte. Bristol   S Joseph
Pte. Tarratée   Pte. Espagnole   Pt. Bristol   E Iean
                                   *Holetown
Chateau Belair   I.S. Vincent*   *Bridgetown
Kingstown   I. de la Barbade

Becouya   Porte de Cariacou
           Balesso

Canaouan   les Moustiques

l'Union   Pte. Martinique
*Cariacou
Islet Rond   Islots de Levera
C. David   Morne des Sauteurs*
Ance Goyave
F. Royal   . de la Grande*

Banc de la Grenade

ISLES DU VENT

ANTILLES

15

12

GUADELOUPE UNTER DER LUPE

Ein spannendes Aufeinandertreffen in der Karibik: Das Archipel Guadeloupe ist ein französisches Überseegebiet, während der Inselstaat Dominica zum Commonwealth of Nations zählt. Statten Sie dieser interessanten Inselwelt einen Besuch ab.

■ Gucken Sie genau!

1   Zeigen Sie auf den höchsten Punkt auf der Karte.

■ Große Namen

2   »Moby Dick« schwimmt hier nicht herum, aber der Autor dieses Abenteuerromans.

3   Entdecken Sie auf der Karte den Vornamen des ehemaligen französischen Präsidenten Mitterrand?

■ Zählen Sie mal!

4   »Morne« ist das französische Wort für »trostlos« – wie viel Mal kommt es auf der Karte vor?

5   Zählen Sie alle »Terre«, und zwar auch innerhalb anderer Wörter.

■ Für Sprachgewandte

6   Finden Sie auf der Karte den »Punkt der Narren«.

7   Wo auf der Karte sehen Sie England?

■ Wer weiß was?

8   Suchen Sie auf der Karte nach einer englischen Hafenstadt.

LS

Pte de la Gde Vigie

l'Anse Bertrand

85

LA GUADELOUPE

Grand Cul de Sac

Fort Louis

Anse Ste Marguerite

Petit Canal

Ilet à Kahouanne

Pte Allègre

Fajou

le Morne à l'Eau

81

le Moule

280

Vep

Deshayes

Ste Rose

Grande Terre

le Galet

C. de la D

Anse

la Baie Mahault

108

le Lamentin

les Abymes

la Pointe Noire

la Couronne

800

LA POINTE A PITRE

44 Pte des Châteaux

Ste Anne

St François

Ilets à Goyaves

Pigeon

1122

Bouillante

Gosier

Pte Bourg

Petit Cul de Sac

Terre d'en Bas

Terre d'en H

la Petite Terre

Anse à la Barque

Goyave

les Habitants

Ste Marie

Soufrière

Canal de Marie Galante

St Claude

1484

la Capesterre

Baillif

Gd Fort

LA BASSE TERRE

Vieux Jacob

Courbeyre

le Vx Fort

les Trois Rivières

St Louis

Pte du Vx Fort

205

Marie Galante

Betz

la Capesterre

les Saintes

Ilet à Cabrit

80

Terre d'en Haut

le Gd Bourg

Terre d'en Bas

28

316

les Augustins

Gd Ilet

la Coche

168

C A N A L   D E   L A   D O M I N I Q U E

C. Melville

ou du Capucin

Morne au Diable

Bourg

du Pce Rupert

Morne Diablotin

1446

LA DOMINIQUE

(Angleterre)

1423

Morne des Trois Pitons

le Roseau

Morne Plat Pays

C. Cachacrou

381

Pte des Fous

MONT

D

E

S

A

WIR LAGEN VOR MADAGASKAR …

Befahren Sie den Indischen Ozean und erkunden Sie die faszinierende Inselwelt im Osten der afrikanischen Küste. Hier heißt es nun rätseln und grübeln, wo andere Urlaub machen!

■ Gucken Sie genau!

1 Forschen Sie nach der Komoreninsel Mayotte.

2 Wo liegt Sansibar?

■ Wer weiß was?

3 Wo auf der Karte versteckt sich eine italienische Insel, die hier aber gar keine ist?

4 Wie lautet ein anderer Name für Taiwan?

5 Zeigen Sie auf die größte Insel der Seychellen.

■ Zum Querdenken?

6 Haben Sie Lust auf eine bestimmte Whiskey-Sorte?

■ Große Namen

7 Suchen Sie auf der Karte nach dem Vornamen des niederländischen Malers van Gogh.

■ Zählen Sie mal!

8 Zählen Sie alle »Basse«.

■ Für Sprachgewandte

9 Wo auf der Karte hält sich MARC DA SAGA auf? Lösen Sie das Anagramm, um ihn zu finden.

Moinde S. Formosa

Mombase

Basse

I. Pemba

L'aux Ambres

I. Zanzibar

I. de Sable

Monfia

Rio Coavo

C. Delgada

Mdabra

Assomption

I. Jean Martins

I. de Comore

Comore

Ajouan

Mock Joanna

Mayotte

Mofambique

Côte de Mofambique

C. S. André

I. Jean de Nove

I. d'Angoxa

Christophe

I. Arides

R. de Manciatre

ISLE DE

Sadia

Mane

I. Krab

C. S. Vincent

Lahefoné

Basse Juive

Coucafi

B. S. Augustin

Les Bugues

Banc de l'Etode

C. S. Marie

Jun

Basse de Patram

les Amirantes

L'aux Vaches marines

I. Remire

I. Mahé

I. des Roches

I. Poivre

I. Plate

I. Alfonse

Coelivi

Cosmoledo I. S. Pierre

I. Providence

I. Gloricuse

Jean de Nove

I. Galega

C. d'Ambre

Port de Louquez

B. Vohemare

Managoien

C. de l'Est

Zaffelbrahim

B. d'Antongil

R. Managoegra

I. S.te Marie

Tamestave

Foulpointe

Lac de Nossébé

R. Sacanil

MAD GASCAR

Antavares

Manourou

I. de Sable

I. de Franc

Ft. Louis

S. Denis

Erindrano

St. Paul

R. Manangourou

I. de Bourbon

Such Manierey

R. Manatenga

Mochicor

Makafal

I. S.te Lucie

Tropique du Capricone

Ft. Dauphin ruine

PAZIFISCHE INSELWELT AM ÄQUATOR

Ab in die Südsee! Cruisen Sie mit uns in der faszinierenden Inselwelt des Südpazifiks, die nördlich und östlich von Australien gelegen ist. Hier gibt es über 2000 bewohnte Inseln von klein bis winzig – und knifflige Aufgaben dazu!

■ Wer weiß was?

1 Suchen Sie nach einer Badebekleidung für Frauen.

2 Entdecken Sie auf der Karte eine seit 1873 hergestellte Zigarettenmarke?

3 Wo auf der Karte finden Sie den Namen eines europäischen Inselstaats?

4 Besuchen Sie auf der Karte eine deutsche Großstadt.

■ Zählen Sie mal!

5 Wie viele Inseln auf der Karte fangen mit dem Buchstaben M an?

■ Für Sprachgewandte

6 Wo auf der Karte können Sie das englische Wort für »Steinbock« lesen?

7 Lust auf eine »Banana«? Einen Buchstaben müssen Sie allerdings austauschen!

8 Suchen Sie auf der Karte nach einer Dame namens ILKA NOO – indem Sie das Anagramm lösen.

■ Große Namen

9 Finden Sie auf der Karte den Nachnamen eines viermaligen britischen Premierministers.

10 Auch der wohl berühmteste deutsche Reichskanzler ist auf der Karte im Angebot. Nämlich?

C r o n e
Eniwetok   Bikini   Bikar
Rongelap   Likiep
Ratak Chain
Namonuito   Hall Is.   Ujelang   Wotje
Oroluk   Kwajalein   Maloelap
Truk Is.   Pohnpei   Ailinglapalap   Majuro
Kolonia   Ralik Chain   Dalap-Uliga-Darrit
Senyavin Is.   Jaluit   Mili
Mortlock Is.
Kusaie   Ebon
e   I s l a n d s

RATED STATES OF MICRONESIA
Butaritari

l   Kapingamarangi   Tarawa   Bairiki   Gilbert Is.
a   Abemama
KIRIBATI
n   Equator   Yaren   Banaba   Kingsmill
miralty Is.   NAURU   Group
s.   New Hannover   Arorae
Bismarck   New   Nanume
Arch.   Ireland   S
PUA   Rabaul   o   Ellice
adang   New Britain   Arawa   l   TUVALU
ae   Bougainville   Choiseul   o   Funa
GUINEA   Solomon   Santa   m   Funafut
Sea   Isabel   o   Islands
New   Malaita   n
Georgia   Honiara
oy   Guadalcanal   I   Niula
Alotau   Makira   s   Santa
Louisiade   (San Cristóbal)   l   Cruz
Arch.   Rennell   a   Is.
n
d
s   Banks Is.

C   VANUATU   i   W
o   Espíritu Santo   New   Fu
r   Malekula   Hebrides   a   (F
a   Efate   Fiji   Vanu
l   Port Vila   Islands   Lev
Íles Chesterfield   Erromango   Viti Levu
S   Suva
vnsville   e   FIJI
Bowen   a
77   Mackay   Koumac   Íles Loyauté
Nouvelle
erald   Calédonie
Rockhampton   (Fr.)   Nouméa
Gladstone
Bundaberg   Tropic of Capricorn 23°26
Fraser I.

FLAGGE ZEIGEN: OZEANIEN

Ozeanien besteht aus über 7500 Inseln, die nördlich und östlich von Australien im Pazifischen Ozean liegen und zahlreiche Inselstaaten bilden. Erkennen Sie mit etwas Hilfe acht ihrer Flaggen und können sie richtig zuordnen?

1 Die zwölf Strahlen des Sternes auf der Flagge von Nauru symbolisieren die zwölf ursprünglichen Stämme dieses Inselstaats.

2 Die Flagge des Inselstaats Palau zeigt nicht die Sonne, sondern den Mond.

3 Der Inselstaat Tonga ist – zumindest der Flagge nach – der bevorzugte Urlaubsort der Ersthelfer.

4 Auf der Flagge von Papua-Neuguinea ist ein Paradiesvogel zu sehen.

5 Die Flagge des Inselstaats Samoa stellt das »Kreuz des Südens« dar.

6 Die vier Hauptstrahlen auf der Flagge der Marshallinseln stehen für die Hauptbezirke Majuro, Ebeye, Jaluit und Kwajalein.

7 Flieg, Fregattvogel, flieg! Und zwar auf der Flagge des Inselstaats Kiribati.

8 Auf der Flagge des Inselstaats Tuvalu stehen die Sterne für die Inseln, aus denen der Staat besteht.

A

B

C

D

E

F

G

H

INSELSTAATEN IN UMRISSEN

Das Wasserflugzeug ist aufgetankt und startklar. Fliegen wir zu zehn Inselstaaten rund um den gesamten Erdball. Erkennen Sie die Inselstaaten allein an ihren Umrissen?

1 Das im Westpazifik gelegene Taiwan ist die Hauptinsel der »Republik China«.

2 Auf der Karibikinsel Jamaika entstanden die Musikstile Ska und Reggae.

3 Nach Indonesien bildet die östlich des afrikanischen Kontinents gelegene Insel Madagaskar den flächenmäßig zweitgrößten Inselstaat der Welt.

4 Kuba ist ein Inselstaat in der Karibik, in dem noch der »Realsozialismus« herrscht.

5 Die Hauptinsel des nordeuropäischen Inselstaats Island ist die größte Vulkaninsel der Erde.

6 Malta liegt im Mittelmeer und hat eine der höchsten Bevölkerungsdichten weltweit.

7 Sri Lanka hieß bis 1972 Ceylon. Der Inselstaat liegt nur knapp über 50 km von Indien entfernt.

8 Der Inselstaat Neuseeland liegt geografisch isoliert im südlichen Pazifik. Von Neuseeland bis zum nächsten Festland sind es über 1500 km.

9 Kap Verde ist ein an der Westküste Afrikas im Atlantik gelegener Inselstaat.

10 Galt Irland einst eher als »Armenhaus«, hat es sich heute vor allem in den Zentren zu einer hochmodernen Insel gemausert.

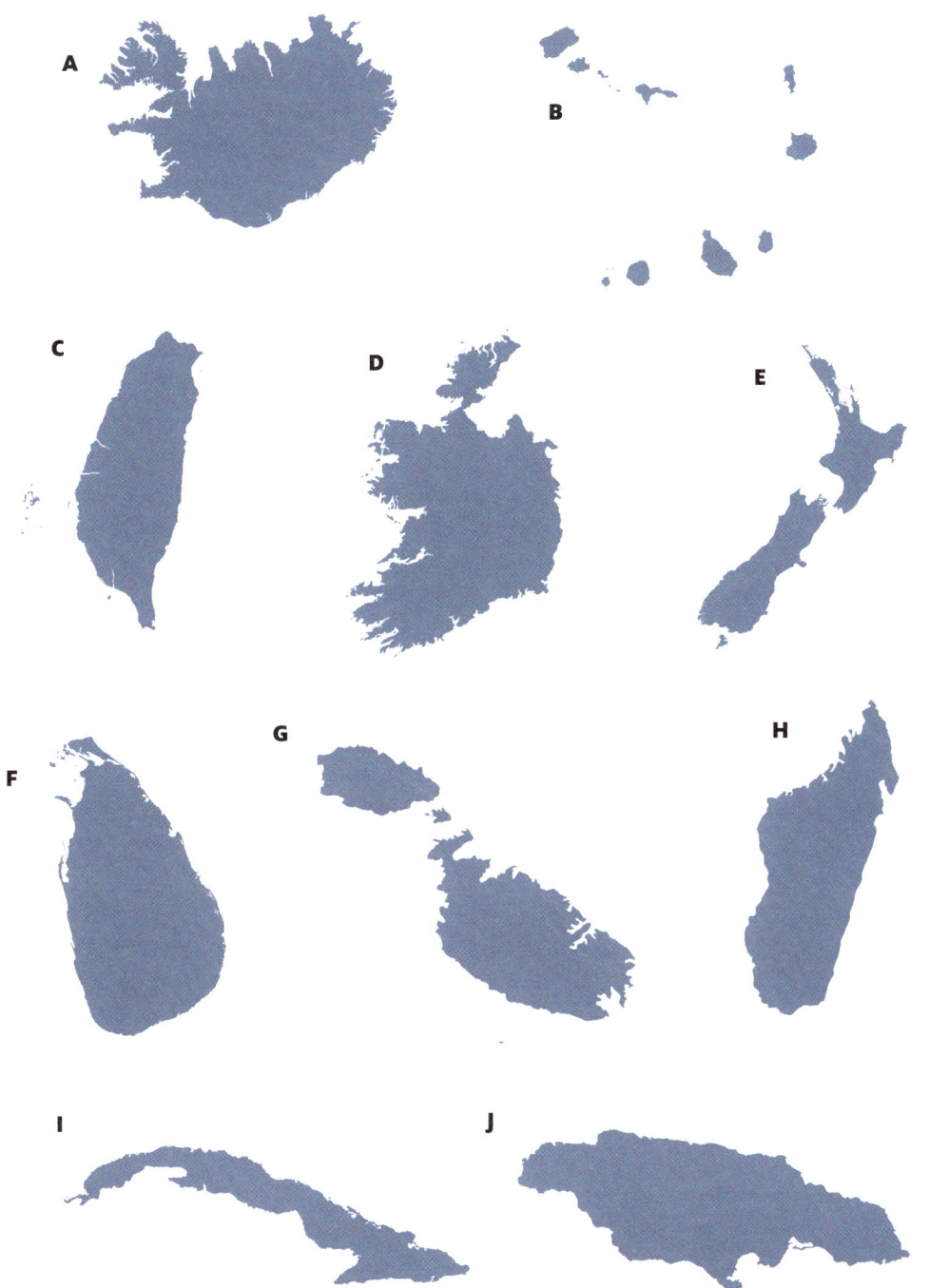

A

B

C

D

E

F

G

H

I

J

PHILIPPINEN-PUZZLE

Die Philippinen sind ein Inselstaat in Südostasien. Sie bilden mit ihren 7641 Inseln den fünftgrößten Inselstaat der Welt. Puzzeln Sie die Philippinen zusammen, indem Sie an passender Stelle der Gesamtkarte die Nummern der 17 Puzzle-Teile eintragen.

Montagnes sans fin
impénétrables

Comte d'Utster

Marble Town

Esonus   Rinbeck
Hurley   Kingston   Salisbury   Colebrook

Rochester   Statsbury
Wawasing   N. Platz   Comté de   Goshen
Brunswick   la Duchesse   Dover   Litchfield   Wind
N. Burg   Poghkcepsen   Kent   N. Cambridge   Har
Walkill   N. Windsor   Fishkill   Woodbury
                              N. Fairfield   Middleto

Delaware

Comte de Northampton

F. Jersey   Goshen

Bethlehem   Danbury   Derby   Durha
Newtown
Courtland   Ridgfield   New Haven
Minisink   Cte
Sussex   Bedford   Stratford
Pomonock   Orange   Fairfield
              Comte   Comté   Rye

Comte de Morris
Walpack

F. Norris   F. Penn   Upr. Smithfield
F. Allen   Oxford   W. Chester   Chester   DETROIT DE L'ISLE
bleue   Nazareth   F. Lee   Kings bridge
Changewater   Rockaway   Hackinsack   F. Washington   Fort du Roy
Easton   Philipsburg   Aquacknock   Bergen   Setalket
Bethlehem   Newark   Harlem   Huntingdon   Smith Town   South
Northampton   Union   Cte   Cte d'Essex   NEW YORK   Cte de la   Suffolk
        Alexandria   Bedfort   Red Hook   Reine   Comté
Comté de Bucks   Cte de Middlesex   Jamaica   Johns
                     Elizabeth Town   Plattbush   Ulrecht   Hampstead
                              Amboy   Richmande   Gravesend
                     Raritan R.   Staten ou des Etats   ISLE LO
        Wights Town   Brunswick
Newington   Cte de Hunterdon   Prince Town   Sandy Hook   Sand Ban
German Town   Delaware F.   Trenton   Middle Town   et Raritan B.
        Bristol   Cranbery   Shrewsbury
PHILADELPHIE   Cte   Allenston   Freehold
Chester   Derby   Frank-Fort   Burdenston   Cte de Monmouth   Tinton
Comté   Moors Town   BURLINGTON   Cte
        Glocester   Mountholy
        Comté
Woodbury   Petils
Swedish Chu   Monros   Mt. B.
                     Willis   Squan Beach
Salem   t. Beach
Cte   Greenwich   Detroit
Fairfield   Cte de Cumberland   Old Barnegat Beach
I. Dunbo   Leeds   Little Egg H.
            Brig. Beach & Inlet
        Absecon B.
Comte   Pecks B. & G. Egg H.
du C. May   Ludleys B.
I. Egg
        Seven Mile B.
BAYE DE DELAWARE   Five Mile B.
        Cap May

NOUVELLE JERSEY

M E R

Echelle de Lieues d'une heure de 20 au Degré,
auquel équivalent 69½ Milles statués d'Angleterre.

5   10   15   20

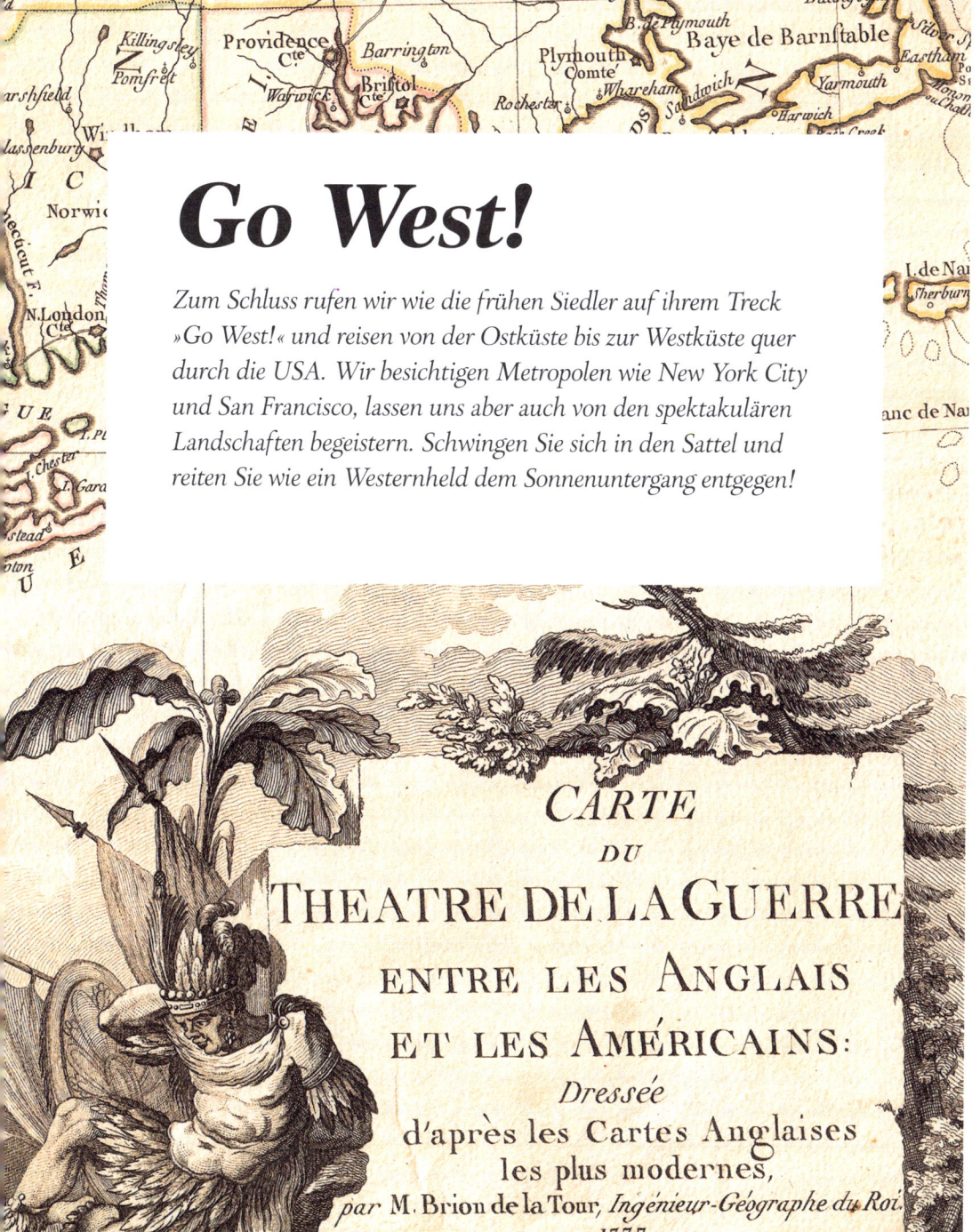

Go West!

Zum Schluss rufen wir wie die frühen Siedler auf ihrem Treck »Go West!« und reisen von der Ostküste bis zur Westküste quer durch die USA. Wir besichtigen Metropolen wie New York City und San Francisco, lassen uns aber auch von den spektakulären Landschaften begeistern. Schwingen Sie sich in den Sattel und reiten Sie wie ein Westernheld dem Sonnenuntergang entgegen!

CARTE
DU
THEATRE DE LA GUERRE
ENTRE LES ANGLAIS
ET LES AMÉRICAINS:
Dressée
d'après les Cartes Anglaises
les plus modernes,
par M. Brion de la Tour, *Ingénieur-Géographe du Roi.*
1777.
A PARIS
Chez Esnauts et Rapilly, rue St Jacques
à la Ville de Coutances.

NEW YORK CITY ANNO DAZUMAL

Wir haben eine »New Map of New York City« für Sie ausgegraben. Zugegeben, sie ist schon ein bisschen älter – aber desto interessanter. Beißen Sie ruhig einmal kräftig in den Big Apple!

■ Gucken Sie genau!

1 Welche Kirche befindet sich beim Broadway?

2 Wo geht auf dieser Karte die Post ab?

■ Für Sprachgewandte

3 Da würde sich die römische Göttin Libertas vielleicht ärgern: Entdecken Sie auf der Karte einen Schreibfehler im Zusammenhang mit der Freiheitsstatue!

■ Große Namen

4 Finden Sie einen englischen Regenten des 17. Jahrhunderts, aber ein König war es nicht!

5 Und finden Sie auch die Berühmtheit SLOBUMUC? Allerdings sind die Buchstaben durcheinandergeraten.

■ Zählen Sie mal!

6 Wie viel Mal kommt auf dem Wasser das Wort »Ferry« (Fähre) vor?

■ Zum Querdenken

7 Bonnie's Line ist auf der Karte nicht zu finden, aber dafür ...?

■ Wer weiß was?

8 Wie heißt Bedloe's Island – benannt nach einem Kaufmann des 17. Jahrhunderts – heute?

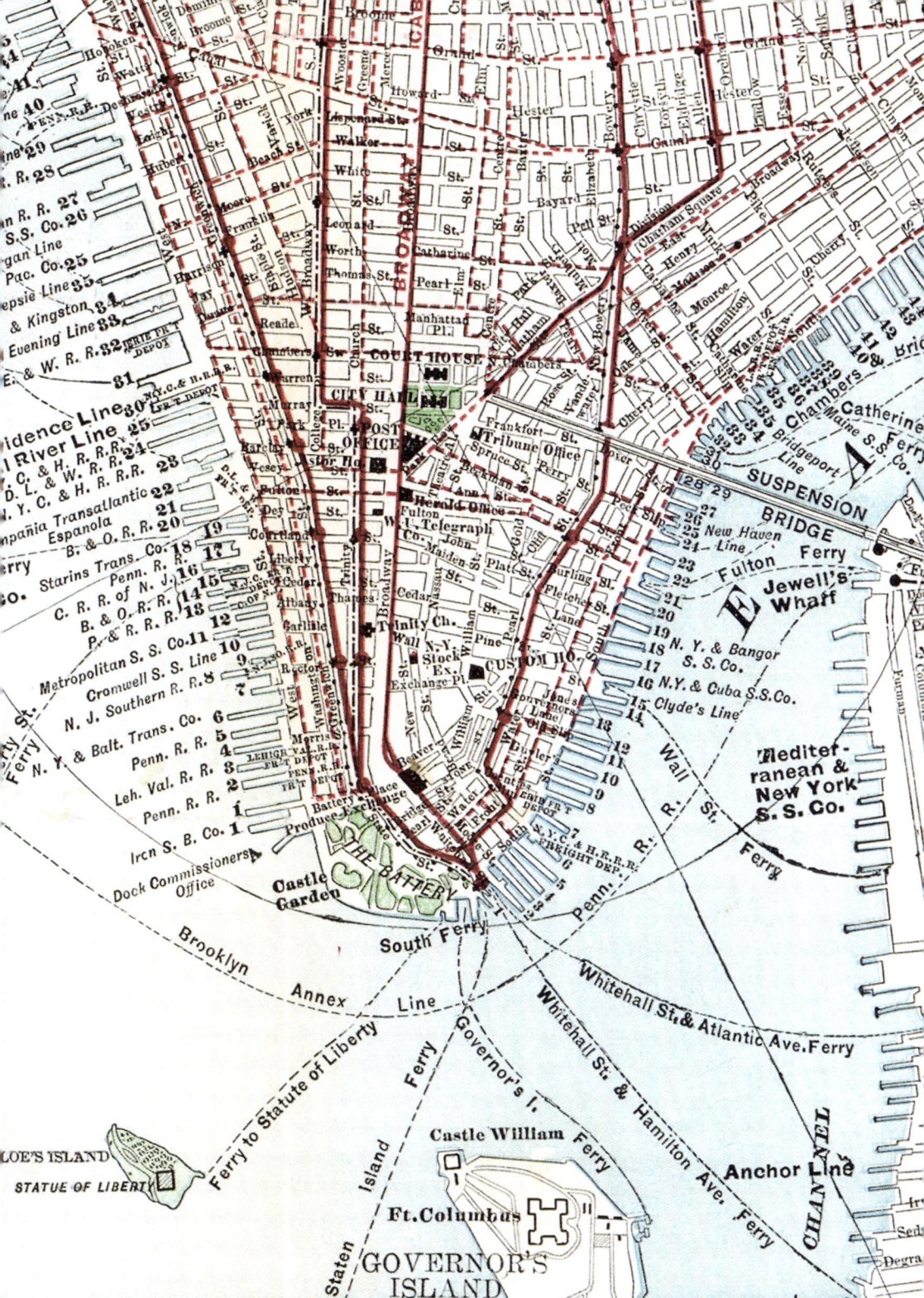

BERAUSCHENDE NIAGARAFÄLLE

Der Niagara River verbindet den Eriesee mit dem Ontariosee und stürzt an den Niagarafällen auf mehreren Hundert Metern Breite 57 m in die Tiefe. Die Wasserfälle liegen direkt an der Grenze zwischen den USA und Kanada. Ein faszinierendes Must-see in Nordamerika!

🟧 Zählen Sie mal!

1 Wie oft steht auf der Karte – nicht abgeschnitten – das Wort »Falls« geschrieben?

2 Weil es so viel Spaß macht: Zählen Sie wieder alle »Ferry« auf der Karte.

3 Wie viel Mal kommt auf diesem Kartenausschnitt die Ziffer »2« vor?

🟥 Wer weiß was?

4 Finden Sie einen der »Großen Seen«. Auf der Karte kommt er gleich zweimal vor.

5 Lassen Sie einen Song der Beatles laufen, der Liedtitel bedeutet übersetzt »Amsel«.

⬛ Zum Querdenken

6 Werden Sie zum Freitag und suchen Sie seinen vollständig sichtbaren Gefährten.

🟨 Für Sprachgewandte

7 Wohin würden sich wohl Liebende zurückziehen?

8 Haben Sie Lust auf ein wenig Obst? Hier finden Sie es.

🟩 Große Namen

9 Wo auf der Karte steht der 3. Präsident der USA?

Niag. Falls I.
Brewery

NIAG

FAL

Victoria Park Sta.

Erie
Dep

Hydraulic

Upper Steel
Arch Bridge

Tunnel N.Y.C.
Dep.

Rambler's
Rest

Prospect

Hennepin's
View

Union
R.R.

P.O.

Prospect
Park

Prospect Pt.

American

Inspir. Pt.

Chapin's I.

Nat.
Food Co.

Falls

C. of W.

Robinson's

Green I.

Lunar

American Rapids

Blackbird I.

Biddle
Stairs

Goat Island

Parting of Waters

Table Rock

Porter's
Bluff

Terrapin Rock

Hermits Casc.

Three Sister

Islands

Horse Shoe Falls

Little Brother I.

Falls View

Canadian Rapids

Cedar I.

NIAGARA R.

Willow I.

Breakwater

NIAGAR

Grand Promenade

Sumach I.

1:

Grand Rapids Drive

Platform Casc.

0   500   1000

Park

Botanist's Ramble

Dufferin
Islands

Lover's Retreat

0   100   200   400

Buffalo

Chippewa   C

DURCH DIE WÄLDER VON PENNSYLVANIA

Pennsylvania zählt zu den 13 Gründungsstaaten der USA. Der Name des US-Bundesstaats bedeutet so viel wie »Waldland von Penn«, dem Gouverneur William Penn. Starten Sie eine Erkundungstour durch dieses wilde Gebiet.

■ Gucken Sie genau!

1   Suchen Sie auf der Karte nach einem »Trucker«.

2   Wo auf der Karte steht die Jahresangabe 1749?

3   Pilgern Sie nach »Nazareth«.

■ Für Sprachgewandte

4   Hier scheint man Französisch zu sprechen.

5   Wo ist, gemäß der Karte, Osten?

6   Fahnden Sie, indem Sie das Anagramm lösen, nach
PIP HILLAHEAD.

■ Große Namen

7   Der erste Mensch, der den Mond betrat, steht auch auf dieser Karte.
Aber wo?

8   Finden Sie den Nachnamen des amerikanischen Schauspielers
»Burt«, der durch Filmklassiker wie »Der rote Korsar« oder
»Verdammt in alle Ewigkeit« unvergessen ist.

■ Zum Querdenken

9   Suchen Sie auf der Karte nach einem Ort mit hoher Anziehungskraft.

10   Finden Sie einen halben »Octopus«.

Heads of the Ohio

Osvingo

Onvego Cr.

Onvegy

Branch of Susquehanna

...elle R.

...ese

Tohicoon

Endlefs

NANTICOKE

Mountains

Mt.

A Pine Swamp

The East

Great

Cushetunk

Mt.

Magnelic Hills

Ostonwage

Candonwsa
Sotocka

Swamp

1749

Techawacs

L V A N I A

Canaserage

DELAWARE'S

Wioming

Matchasaung

Purchased in

Gradenhütten

Tradachton C.

Senachse R.

Nesquen

Onolopong

Nazareth

Teaquelin

...ga F.t.

Falls

SUSQUEHANA

Falls

Shamokin

Mackees

Tuscarora Hills

Murder Cr.

Trout Cr.

Bethlem

Truckers C.

Easton

Akins Falls

Kird C.

Armstrong

65

Killatiny Mo.ts

Leeby

C. Durham

...tone

Juniata R.

Chambers

Killatiny

Tolyehoccon Gr.

Reading

Susquehana

Harris F.

Swatara C.

Wisers

Schuylkill

Norriton

French Cr.

Shermans Conedeguonet Cr.

Carlisle

Carlisle

Ephrata

Swedes F.

...tiny M.

Shippensburg

Conewoga

30

Pine Ford Falls

Lancaster

PHILADELPHIA

Peque Cr.

Chester

15

42

Gap

Dicks

York
Scodorus C.

R I V E R

Octorara Cr.

N. Castle

14

50

M A R Y L A N D

WILDWEST-ROMANTIK IN KALIFORNIEN

»Go West!« trifft hier ganz besonders zu. Wir begeben uns an die Westküste der USA, und zwar mitten in die Zeit des »Wilden Westens« – die recht bunte Karte stammt aus der Mitte des 19. Jahrhunderts.

■ Wer weiß was?

1 Nein, die Hauptstadt der USA ist das nicht, diese Stadt hieß früher nur so.

■ Gucken Sie genau!

2 Drehen Sie eine Runde im »Park«.

■ Für Sprachgewandte

3 Wo auf der Karte hat sich der König versteckt?

4 Auf der Karte lassen sich mehrere Farben finden. Doch wo wird gemalt?

5 Finden Sie die reinste Stelle – zumindest wenn es nach den Lateinern geht.

■ Große Namen

6 Entdecken Sie eine Stadt, die nach einem Kirchenlehrer und Leiter des Franziskanerordens im 13. Jahrhunderts benannt wurde?

7 Und dieser Wortteil klingt doch fast wie ein niederländischer Philosoph des 17. Jahrhunderts!

■ Zählen Sie mal!

8 Passen Sie mal auf: Zählen Sie, wie oft »Pass« vorkommt.

9 Eine ganze Menge Heilige stehen auf der Karte. Und wie viel Mal das Wort »Santa« in ausgeschriebener Form?

GOING TO SAN FRANCISCO

Das Golden Gate und San Francisco – hier noch ohne Hippies und die berühmte Golden Gate Bridge. Diese wurde nämlich erst 1937 eröffnet. Dennoch werden Sie mit dieser Karte aus dem Jahr 1909 sicher viel Spaß haben!

■ Zählen Sie mal!

1 Wie oft kommt auf der Karte die Angabe »10 m« vor?

2 Das gibt Punkte: Zählen Sie alle »Pt.«.

■ Für Sprachgewandte

3 Suchen Sie nach dem englischen Wort für »Erdbeere« – aber ohne Schlagsahne!

4 Wo auf der Karte befinden Sie sich auf der Sonnenseite?

5 Zeigen Sie auf die Hufeisen-Bucht.

6 Begeben Sie sich in Quarantäne!

■ Zum Querdenken

7 Welcher Anblickt nimmt einen wahrhaft gefangen?

■ Wer weiß was?

8 Wo auf der Karte wird ein Reitsportturnier ausgetragen?

9 Finden Sie den britischen Sänger, der 2005 mit »You're Beautiful« einen Welthit landete.

WO LIEGT WAS IN DEN USA?

Die Vereinigten Staaten von Amerika sind – nach Russland und Kanada – der drittgrößte Staat der Welt. Hier gibt es eine Menge zu sehen und viele interessante Örtlichkeiten zu besuchen. Zehn davon haben wir für Sie ausgewählt. Markieren Sie möglichst exakt deren Position!

1 Zeichnen Sie die Position der Hauptstadt der USA ein.

2 Wo befindet sich der Michigansee?

3 Kennen Sie noch den »Denver-Clan«? Wo liegt die Stadt Denver?

4 Zeichnen Sie die ungefähre Lage der Everglades ein.

5 Wie heißt der mit dem Pfeil markierte US-Bundesstaat?

6 Wo mündet der Mississippi River?

7 Lust auf ein Spielchen? Zeichnen Sie die Position von Las Vegas ein.

8 Zeichnen Sie ein, wo der Yosemite-Nationalpark liegt.

9 Zu Unrecht auch »Rain City« genannt: Statten Sie Seattle einen Besuch ab.

10 Vier Präsidenten in Stein gemeißelt: Wo liegt das Mount Rushmore National Memorial?

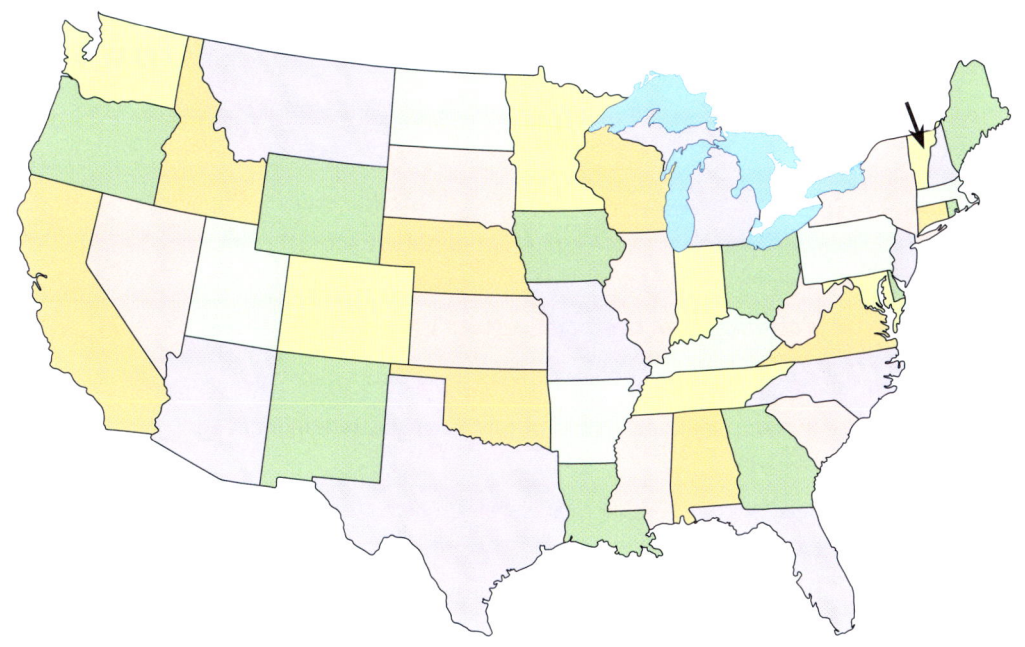

SKYLINE-RÄTSEL: BIG CITIES DER USA

Nein, nicht nur New York City hat eine imposante Skyline zu bieten. Hier haben wir Skylines von weiteren Big Cities der USA für Sie zusammengestellt. Erkennen Sie, um welche Städte es sich handelt?

1 Dies ist die größte Stadt in Texas und die viertgrößte Stadt der USA.

2 In dieser amerikanischen Großstadt gibt es ein »Hammer Museum«.

3 Zwei Drittel der Bewohner dieser amerikanischen Großstadt haben Spanisch als Muttersprache.

4 Diese amerikanische Großstadt liegt direkt an der Grenze zu Kanada.

5 In dieser amerikanischen Großstadt besteht die Football-Mannschaft aus »Cowboys«.

6 Diese amerikanische Großstadt liegt am Ufer des Michigansees.

7 Von 1790 bis 1800 war diese Großstadt die Hauptstadt der USA.

8 In den Naturhafen dieser amerikanischen Großstadt mündet der Mystic River.

9 Die Bewohner dieser amerikanischen Großstadt nennen diese »America's Finest City«.

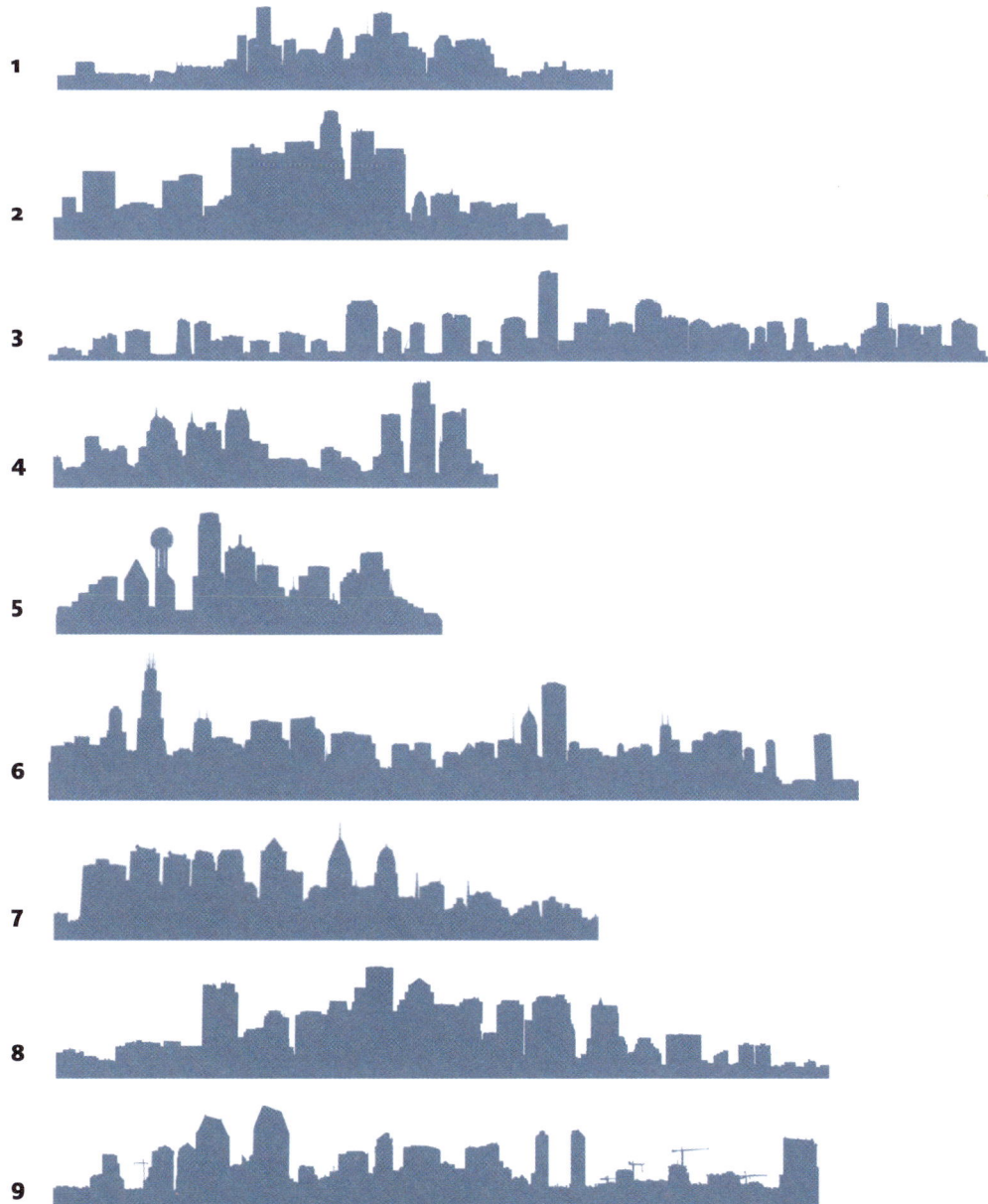

1

2

3

4

5

6

7

8

9

VEREINIGTE STAATEN IN UMRISSEN

Die USA haben 50 Bundesstaaten, die alle als Stern auf der US-Flagge verewigt sind. Aber schaffen Sie es auch, die Namen von einzelnen Bundesstaaten ihrem Umriss und der Lage auf einer Karte der USA richtig zuzuordnen? Testen Sie Ihr Können mit diesen zehn »Puzzle-Teilen«!

1 Mississippi

2 South Dakota

3 Georgia

4 Nevada

5 Oregon

6 Florida

7 Colorado

8 Arizona

9 Nebraska

10 Kentucky

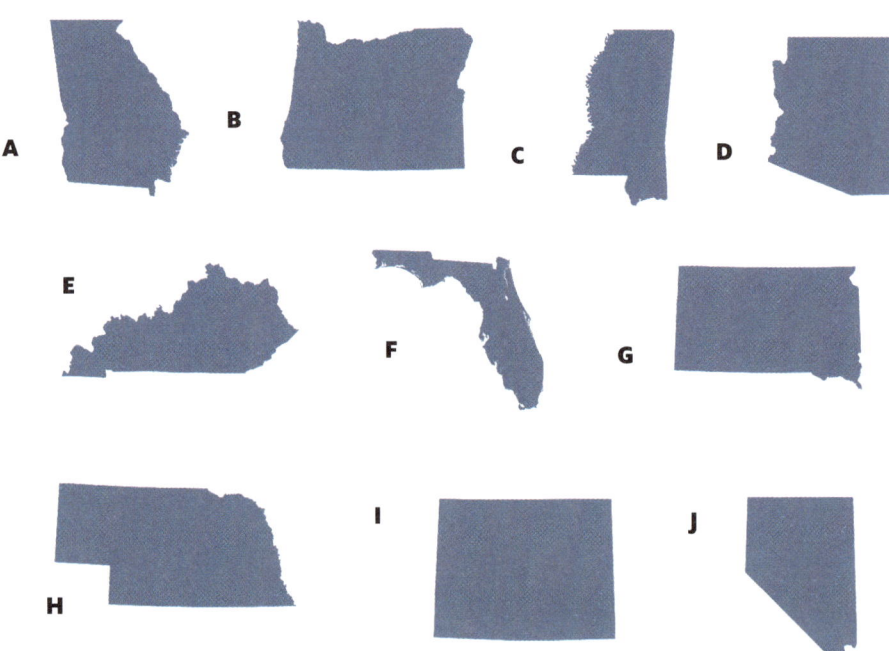

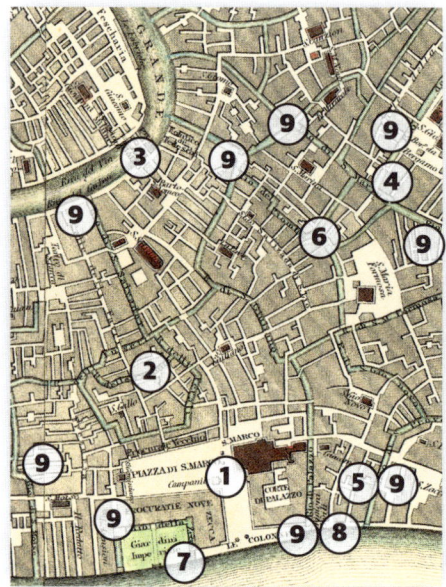

Zu Seite 8 | Herumgondeln in Venedig

1 Der Markusturm ist der Campanile (Glockenturm) des Markusdoms. Er ist mit 98,6 m das höchste Gebäude Venedigs.

2 Haben Sie den »Rio delle Colonne« entdeckt? Bitte auf der Karte nicht mit »Le Colonne« verwechseln!

3 Die Rialtobrücke führt über den Canal Grande und verbindet die venezianischen Stadtteile San Marco und San Polo.

4 Rocco Granatas Lied »Marina« war 1959 ein internationaler Hit. Übrigens: Rocco Granata ist kein Künstlername.

5 Giacomo Casanova war nicht nur ein Frauenheld, sondern auch ein Knastbruder und verbrachte als solcher über ein Jahr in den berüchtigten »Bleikammern« Venedigs.

6 Sebastiano del Piombo lebte von etwa 1485 bis 1547. Er war Schüler von Giovanni Bellini und Kumpel von Michelangelo. Piombo ist das italienische Wort für Blei.

7 EMILE PARI ist ein Anagramm von »Imperiale«.

8 Hoffentlich haben Sie Ihren Zivildienst abgeleistet?

9 Das Wort »Rio« (in der Bedeutung Kanal) kommt in ausgeschriebener Form 9 Mal auf der Karte vor.

Zu Seite 10 | Remmidemmi rund um Rimini

1 Haben Sie den Campingplatz bei Bagno di Romagna entdeckt?

2 Sarsina ist eine kleine Gemeinde mit nur etwas mehr als 3000 Einwohnern. Sehenswert ist dort unter anderem die romanische Basilica di San Vicinio.

3 Der italienische Badeort Cattolica liegt südöstlich von Rimini. Der Papst wurde bislang allerdings nicht unter den Badenden gesichtet.

4 »Azzurro« war 1968 ein Mega-Hit des italienischen Sängers und Schauspielers Adriano Celentano.

5 Auf der Karte sind 4 Flüsse namentlich genannt: Reno, Montone, Borello und Marécchia.

6 Haben Sie die 3 Flugplätze bei Rimini, Ravenna und Forlì gezählt? Gut gemacht!

7 Das italienische Wort für Silber ist »Argenta«.

8 Die größte Agglomeration Italiens ist – Trommelwirbel! – das Ballungsgebiet rund um Mailand oder auf Italienisch: Milano.

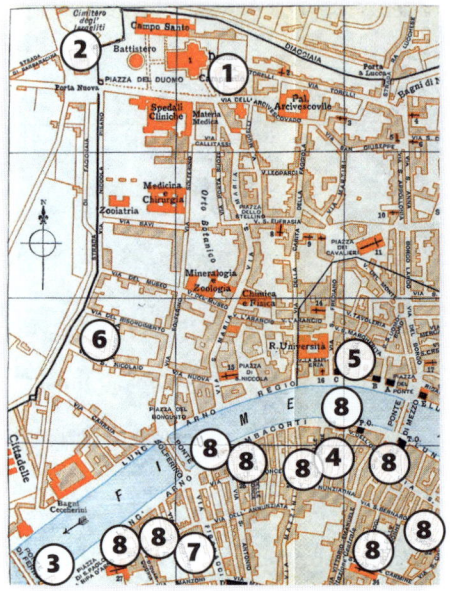

Zu Seite 12 | Schiefe Blicke auf Pisa

1 Der Schiefe Turm von Pisa, der Campanile des Doms, neigte sich bereits wenige Jahre nach Baubeginn im 12. Jahrhundert gen Südosten.

2 Im »Friedhof der Israeliten« steckt das Nahost-Land Israel drin.

3 »Ponte di Ferro« bedeutet übersetzt »Eiserne Brücke«.

4 Durch die Via delle Belle Donne in Pisa sollen nicht ausschließlich schöne Frauen schlendern.

5 Eine Pizza mit Tomaten und Käse wird »Margherita« genannt.

6 Magenta ist eine additive Farbe aus Rot und Blau, die manchmal auch helles Purpur genannt wird.

7 Leonardo Fibonacci lebte von etwa 1170 bis 1240. Mit seinen Berechnungen lag der bedeutende Mathematiker des Mittelalters selten schief.

8 Am südlichen Ufer des Arno lassen sich 9 mit einem Kreuz gekennzeichnete Kirchen zählen.

Zu Seite 14 | Capri-Sonne bei Napoli

1 Torre del Greco ist eine am Golf von Neapel gelegene Stadt mit über 80 000 Einwohnern. Bekannt ist die Stadt unter anderem für den dort hergestellten Korallenschmuck.

2 Die Wortendung »num« kommt auf der Karte exakt 3 Mal vor.

3 Mallorca besuchen wir ein anderes Mal. Doch auf dieser Karte finden Sie Palma, den Namen der mallorquinischen Hauptstadt.

4 Die russische Großfürstin Anastasia wurde 1918, zusammen mit ihrer Familie, von den Bolschewiki ermordet. Gleich mehrere Frauen gaben sich danach als Anastasia aus.

5 Das Castello Aragonese ist eine Festung auf der Insel Ischia, einer 46 km² großen Insel im Golf von Neapel.

6 Die » Grotta Azzurra« ist eine Höhle auf der 10,4 km² großen Insel Capri. Capri und seine Grotte waren bereits im 19. Jahrhundert ein beliebtes Reiseziel.

7 Herculaneum ging – wie Pompeji und einige weitere Orte – beim Ausbruch des Vesuvs im Jahr 79 n. Chr. unter.

8 In Italien gilt: Gehen Sie es »Piano« an!

Zu Seite 16 | Straßenkarte von Messina

1 Auf der Karte sind 4 Golfe zu sehen, nämlich der Golfo di Santa Eufémia, der Golfo die Gioia, der Golfo die Patti sowie der Golfo di Catánia.

2 Haben Sie alle 7 Aussichtspunkte gefunden? Dann blicken Sie in eine aussichtsreiche Zukunft.

3 Spartà ist ein Örtchen nahe der Straße von Messina.

4 Die spanische Großstadt Barcelona kennen Sie – und nun auch das sizilianische Barcellona Pozzo di Gotto.

5 Der aktive Vulkan Stromboli befindet sich auf der gleichnamigen Insel. Sie gehört zur Inselgruppe der Äolischen oder Liparischen Inseln.

6 Die Zyklopeninseln sind eine sehr kleine Inselgruppe direkt vor der Küste Siziliens. Ihr Name ist den Abenteuern des Odysseus entlehnt.

7 Misterbianco ist eine sizilianische Stadt mit rund 50 000 Einwohnern.

8 Vom Kap Vaticano aus bietet sich ein weiter Blick bis hin zur Straße von Messina und zu den Äolischen Inseln.

9 Linguaglossa ist nur eine Kleinstadt, aber ihr Name bedeutet wörtlich aus dem Lateinischen übersetzt »Spracheglanz«.

Zu Seite 18 | Wo liegt was in Italien?

1 Die »ewige Stadt« Rom liegt gefühlt sicher schon ewig an dieser Stelle.

2 Gegründet im Jahr 301 ist San Marino die vermutlich älteste bestehende Republik der Welt.

3 Gemeint ist die schmale Meerenge zwischen Kalabrien und Sizilien.

4 Elba ist nach Sizilien und Sardinien die drittgrößte Insel Italiens.

5 Der Gardasee ist der größte See Italiens und wurde durch Eiszeitgletscher geformt.

6 Cagliari ist die Hauptstadt der autonomen Region Sardinien.

7 Der Ätna auf Sizilien ist mit 3323 m Höhe der höchste aktive Vulkan Europas.

8 Der Golf von Neapel ist weltberühmt durch Neapel, Vesuv und Pompeji.

9 Genua ist die Hauptstadt der Region Ligurien.

10 Der Po mündet in die Adria und bildet dabei ein großes Delta aus.

Zu Seite 20 | Regionen von Italien raten

1 **I** Kampanien ist eine Region an der Westküste mit der Hauptstadt Neapel.

2 **J** Das im Nordwesten Italiens gelegene Piemont ist reich an Spezialitäten – nur die Piemont-Kirsche sucht man hier vergebens.

3 **G** Salento, die Halbinsel im Süden Apuliens, bildet den Absatz des italienischen Stiefels.

4 **E** Sardinien ist die zweitgrößte Insel Italiens und des Mittelmeers – nach Sizilien.

5 **B** Die in Mittelitalien gelegene Toskana ist eine bedeutende Kulturlandschaft und eine beliebte Urlaubsregion. Hauptstadt der Region ist Florenz.

6 **H** Trentino-Südtirol ist eine autonome Region im Norden Italiens.

7 **D** Jetzt wird's ein wenig kompliziert: Die geografisch in Mittelitalien gelegene Region Abruzzen gilt historisch betrachtet als nördlichste Region Süditaliens.

8 **C** Italiens drittkleinste Region Ligurien ist ein Küstenstreifen am Ligurischen Meer.

9 **F** Hauptstadt der Marken (Italienisch: Marche) ist die an der italienischen Adriaküste gelegene Hafenstadt Ancona.

10 **A** Die in Norditalien gelegene Region Emilia-Romagna ist unter anderem durch die Poebene und die Erzählungen rund um Don Camillo und Peppone bekannt.

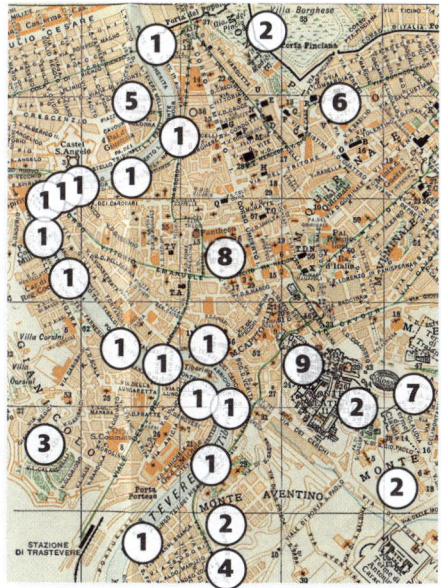

Zu Seite 22 | Kurzbesuch in der Ewigen Stadt

1 Es sind 15 Brücken über den Tiber.

2 Das Wort »MONTE« kommt auf der Karte 4 Mal in ausgeschriebener Form vor.

3 Giacomo Medici lebte von 1817 bis 1882. 1870 wurde er von König Viktor Emanuel II. zum Senator auf Lebenszeit ernannt.

4 Alessandro Volta (1745–1827) war ein italienischer Physiker nach dem unter anderem die Maßeinheit für die elektrische Spannung benannt wurde.

5 Haben Sie den Namen Visconti auf der Karte gefunden? Der Vorname des berühmten Regisseurs lautet aber Luchino.

6 Mailand ist die Hauptstadt der norditalienischen Region Lombardei.

7 Das Kolosseum war in der Antike Schauplatz von Gladiatorenkämpfen und Tierhetzen. Zu Beginn fanden darin sogar Schiffskämpfe statt.

8 Das Pantheon ist ein antikes Bauwerk, das zu Beginn des 7. Jahrhunderts in eine Kirche umgewandelt wurde.

9 Die höchste Zahl, die auf der Karte gelesen werden kann, ist die 63. Die Zahl, die beim ersten Augenschein für eine 86 gehalten werden könnte, ist nur eine 36.

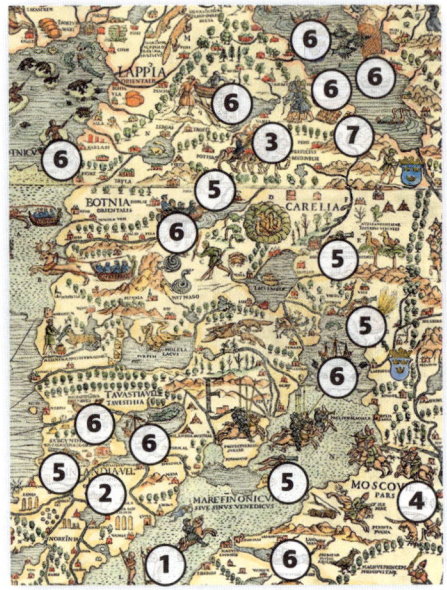

Zu Seite 26 | Auf in den Norden!

1 Ja, in harten Wintern können große Teile der Ostsee auf dem Eis überquert werden.

2 Die Krone finden Sie auf finnischem Gebiet, wobei Finnland 1539 noch zu Schweden gehörte.

3 Der Karteneintrag VARTA lässt sich im nördlichen Teil der Karte finden.

4 Den OM VOICES können Sie im Bereich »MOSCOVIE« lauschen.

5 Kanonen kommen an 5 unterschiedlichen Stellen vor.

6 Insgesamt 10 Boote oder Schiffe lassen sich auf der Karte zählen.

7 Haben Sie es gecheckt, den Ausschnitt entdeckt? Er befindet sich im Nordosten der Karte.

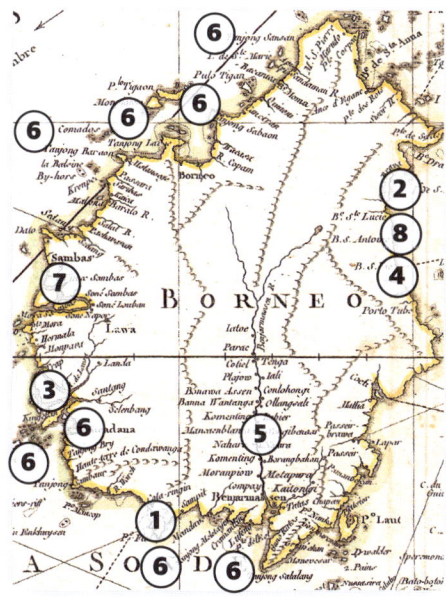

Zu Seite 28 | Borneo – drittgrößte Insel der Erde

1 Geben Sie ein paar Eiswürfel ins Glas und lassen Sie sich die Cola schmecken!

2 Wie Sie sehen: Eine Costa Brava gibt es nicht nur an der spanischen Mittelmeerküste, sondern auch auf Borneo.

3 Wir hoffen, Sie sind nicht in unsere »Trap« getappt.

4 Das französische Wort für Leben lautet »Vie«.

5 KING MONTE finden Sie in Komenting.

6 Das Wort »Tanjong« kommt auf der Karte 8 Mal vor. Tanjong ist ein malaiisches Wort und bedeutet »Landspitze«.

7 Tanzen Sie Samba mit uns die ganze Nacht!

8 Antoine de Saint-Exupéry (1900–1944) schuf mit »Der kleine Prinz« eines der meistverkauften Bücher der Literaturgeschichte.

Zu Seite 30 | Gechillt cruisen in der Karibik

1 Lange Zeit glaubte man, Christoph Kolumbus habe auf Cat Island – zu den Bahamas gehörend – zum ersten Mal die »Neue Welt« betreten, tatsächlich geschah dies aber auf der Insel Guanahani.

2 Haben Sie »Rum« getrunk... äh ... gefunden?

3 »Hole in the Wall« (»Loch in der Mauer«) heißt ein 1836 von den Briten gebauter Leuchtturm auf der zu den Bahamas gehörenden Abaco-Inselgruppe.

4 Tortuga (Schildkröte) – auch Île de la Tortue – ist nach Gonâve die zweitgrößte Insel Haitis.

5 Der Black River (Schwarzer Fluss) ist ein Fluss auf Jamaika, dessen Grund durch Schlamm sehr dunkel erscheint.

6 Nassau ist die Hauptstadt der Bahamas und mit rund 280 000 Einwohnern auch die größte Stadt des Inselstaats.

7 Rock Sound ist der Name einer Stadt sowie eines früheren Bezirks der Bahamas.

8 Die Hauptstadt Haitis ist Port-au-Prince. Hier leben rund 1,3 Millionen Menschen bzw. im Ballungsraum mehr als doppelt so viele.

9 Die zweitgrößte Stadt Kubas – nach der Hauptstadt Havanna – ist Santiago de Cuba.

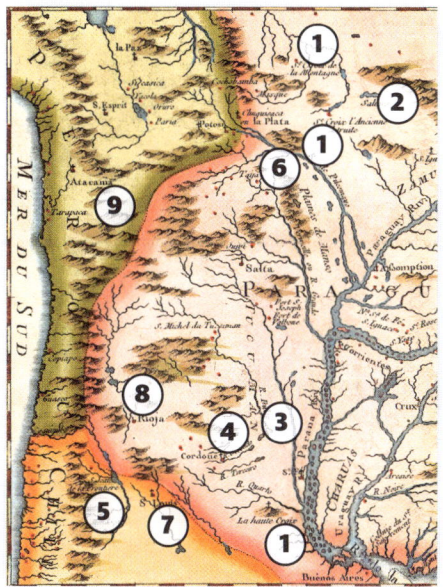

Zu Seite 32 | Quer durch Südamerika

1 Das Wort »Croix« (Französisch für Kreuz) kommt auf der Karte 3 Mal vor.

2 Haben Sie das Salz in der Suppe – Pardon, das Salz auf der Karte – aufgespürt?

3 Auch im Rio Dulce – dem süßen Fluss – fließt kein Honig.

4 Der Rio Secondo – der zweite Fluss – befindet sich oberhalb des dritten (Rio Terceiro) und des vierten (Rio Quarto) Flusses.

5 Gesucht wurde natürlich nicht die französische Grenze, sondern das französische Wort für Grenze: »frontière«.

6 Das war knifflig, nicht wahr? Aber Sie haben den Kartenausschnitt ganz bestimmt entdeckt.

7 Die Olympischen Spiele von 1904 wurden in der US-amerikanischen Stadt St. Louis ausgetragen – nicht in Südamerika.

8 Rioja ist ein spanisches Weinanbaugebiet zu beiden Zu Seiten des Flusses Ebro.

9 Die Atacama erstreckt sich entlang der Pazifikküste Südamerikas.

Zu Seite 34 | African Heat am Sambesi

1 Die mächtigen Victoriafälle liegen im Grenzgebiet zwischen den heutigen Ländern Sambia und Simbabwe.

2 Auf der Karte lassen sich eine Reihe merkwürdiger Wörter lesen – »Stink« ist nur eines davon.

3 Eine Menge Flüsse durchziehen diese Karte, darunter der Simah.

4 Haben Sie die »Basilika« besucht?

5 Der »Large Waterfall« ist – aus dem Englischen übersetzt – der »große Wasserfall«. Mit den Victoriafällen kann er es aber nicht aufnehmen.

6 ANNA SATYAM treibt sich im Gebiet Matsanyana herum.

7 Links oben auf der Karte steht: »The Plains are impassable during the rainy season« – »Die Ebenen sind während der Regenzeit nicht passierbar.«

8 Die »Fever Ponds« befinden sich hier – der Name lädt nicht gerade zu einem erfrischenden Bad inmitten der afrikanischen Hitze ein.

9 Haben Sie alle 6 Wörter »G«-funden?

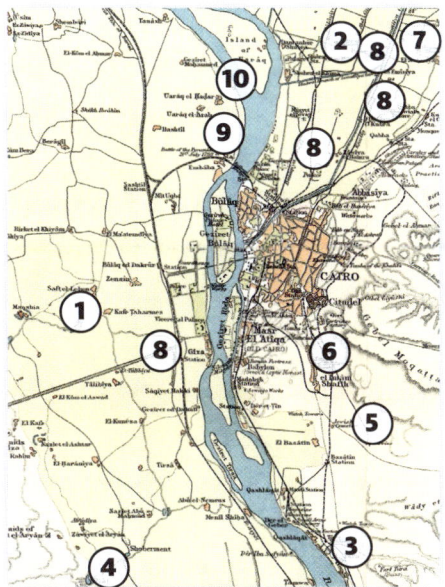

Zu Seite 36 | Auf dem Nil schippern

1 Die einprägsame Ortsbezeichnung »Saft el-Leben« finden Sie links des Nils.

2 Eine Menge Paläste lassen sich auf der Karte finden. Doch den »Palace« mit der Nummer 3 haben Sie sicherlich dennoch rasch aufgespürt.

3 Die »Gun Factory« befindet sich auf der Karte knapp unterhalb der »Small Arms Factory«.

4 Haben Sie im Pool gebadet? Dann fühlen Sie sich nun sicherlich angenehm erfrischt.

5 In Kairo können Sie auch heute noch den zweitältesten jüdischen Friedhof der Welt besuchen.

6 Haben Sie die »Tombs of the Mamelukes« – die »Gräber der Mamelucken« – entdeckt?

7 Hier soll die Heilige Familie auf ihrer Flucht nach Ägypten gelagert haben.

8 Haben Sie den Kanal voll? Das Wort »Canal« ist auf der Karte 4 Mal zu finden.

9 Die »Schlacht bei den Pyramiden« war eine wichtige Schlacht im Rahmen des Ägyptenfeldzugs. Tatsächlich fand sie kilometerweit von den Pyramiden entfernt statt.

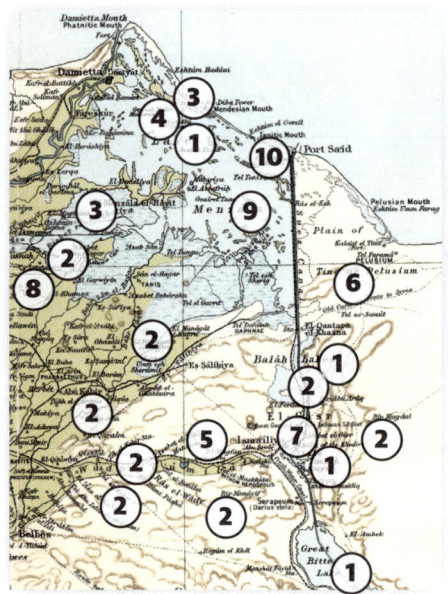

Zu Seite 38 | Walk like an Egyptian

1 Das Wort »Lake« taucht auf der Karte 4 Mal auf.

2 Da mussten Sie wirklich genau gucken, nicht wahr? Auf der Karte werden Ihnen 8 »Bir« serviert.

3 Gar nicht so leicht die Suche, bei diesen vielen »El«, »Es« oder »En« ... Mit »Ed« beginnen lediglich zwei Ortsbezeichnungen.

4 Der ägyptische Schauspieler Omar Sharif wurde 1932 in Alexandria geboren und starb 2015 in Kairo.

5 Ramses I. regierte in Ägypten um 1290 v. Chr., Ramses XI. von 1105 bis etwa 1070 v. Chr. – dazwischen gab es noch neun weitere Pharaonen mit Namen Ramses.

6 Ein kleiner Tipp: Ein Kamel ist für die »Old Caravan Route« besser geeignet als ein Wohnmobil.

7 Grüezi mitenand! Gern laden wir Sie in das Chalet ein.

8 Den »Salahat« aber bitte ohne Zwiebeln.

9 Hier gibt es »Tuna«.

10 Gesucht war nicht die Titanic, sondern »Tanitic«.

Zu Seite 40 | Am Kap der Guten Hoffnung

1 Haben Sie Alice gefunden? Die südafrikanische Kleinstadt wurde nach Prinzessin Alice, der zweiten Tochter von Queen Victoria, benannt.

2 Mount Coke ist ein südafrikanischer Ort, der nach dem walisischen Methodisten-Bischof Thomas Coke (1747–1814) benannt wurde.

3 Die heutige Großstadt East London wurde 1836 als britischer Militärposten gegründet.

4 Der Großraum Auckland bildet das mit Abstand größte Ballungsgebiet in Neuseeland.

5 Buffalo ist die zweitgrößte Stadt im US-Bundesstaat New York. Auf der Karte fließt jedoch der Buffalo River.

6 Das Dorf Waterloo bei Brüssel wurde durch die letzte Schlacht von Napoleon Bonaparte bekannt, die dort am 18. Juni 1815 ausgetragen wurde.

7 Adelheid von Sachsen-Meiningen (1792–1849) war ab 1830 als Queen Adelaide die Königin Großbritanniens.

8 Haben Sie kein »Kei« vergessen? Es sind 5.

9 Wenn Sie in einem fort gezählt haben, kommen Sie auf die Anzahl 7.

10 BETH RUTTROW befindet sich in Butterworth – nun aber rasch in den Kreißsaal!

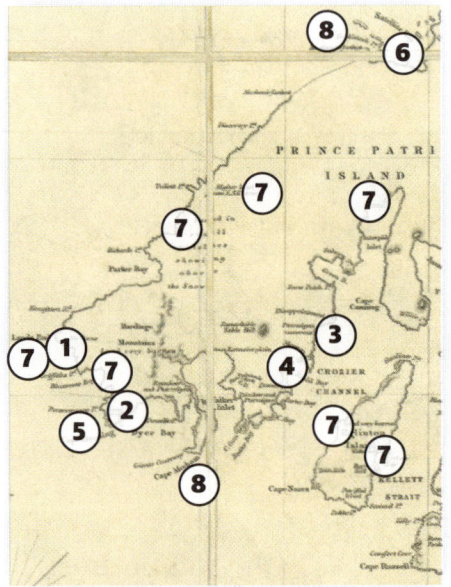

Zu Seite 42 | Expedition zur Nordwestpassage

1 »No Game« bedeutet sowohl »Kein Wild« als auch »Kein Spiel«. Beides mussten viele Arktisforscher bitter erfahren.

2 An dieser Stelle ist eingetragen, dass Holz (»Wood«) gefunden wurde.

3 »Disappointment« ist das englische Wort für Enttäuschung.

4 Charles Manson lebte von 1934 bis 2017 – die meiste Zeit davon verbrachte er wegen siebenfachen Mordes im Knast.

5 Der Mars-Rover Perseverance der NASA landete am 18. Februar 2021 auf dem »Roten Planeten«.

6 Das war einfach, nicht war? Es schwirren eine Menge Satelliten herum – übrigens zählt auch unser Mond zu den Satelliten.

7 »Land« kommt auf der Karte 7 Mal vor.

8 Die Franklin-Expedition zur vollständigen Durchfahrung der Nordwestpassage, die 1845 startete, scheiterte katastrophal. Alle 129 Expeditionsteilnehmer starben in arktischer Kälte. Auf ihre Spuren begaben sich unter anderem Francis Leopold McClintock (1819–1907) und George Frederick Mecham (1828–1858).

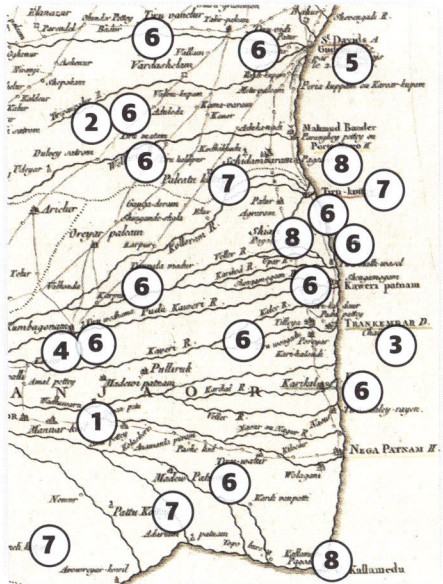

Zu Seite 44 | Entlang exotischer Küsten

1 Papan petu befindet sich südlich der größeren Ortschaften Pulliruk und Madewi patnam.

2 Der Fluss Tiripaupalur fließt im linken oberen Bereich der Karte.

3 KEN ARMBRAT treibt sich in Trankembar herum.

4 Der Ausschnitt war nicht leicht zu finden, stimmt's?

5 König David soll um das Jahr 1000 v. Chr. gelebt haben und besiegte unter anderem Goliath im Zweikampf.

6 Ganze 12 Ortsnamen auf der Karte beginnen mit »Tiru«.

7 4 Ortsnamen haben ein »Kottey« am Ende.

8 Haben Sie alle Pagoden entdeckt? Es sind 3.

Zu Seite 46 | Frankreich in Übersee

1 Konnten Sie sich ohne Hilfe ins Café setzen?

2 Auf Englisch bedeutet »Chat« soviel wie »Plaudern«, auf Französisch hingegen »Katze«.

3 Monsieur ist eine gängige französische Anrede – unter anderem für Monsieur Martin.

4 Garnier ist eine bekannte französische Kosmetikmarke, mit dem Berg auf der Karte hat sie aber nichts zu tun.

5 Der Brasilianer Edson Arantes do Nascimento – besser bekannt als Pelé – zählt zu den berühmtesten Fußballspielern aller Zeiten.

6 Eine ausgeschriebene Batterie (Geschützstellung) ist auf der Karte 4 Mal zu finden.

7 Sie zählen »de la« insgesamt 9 Mal.

8 Die Karavelle (Französisch: Caravelle) ist ein Segelschifftyp, die Fregatte (Französisch: Frégate) ein kleines Kriegsschiff.

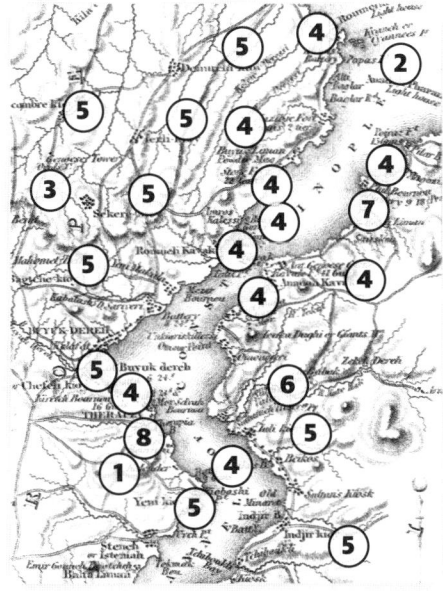

Zu Seite 48 | Fahrt durch den Bosporus

1 Der Ort Kalender befindet sich am westlichen Ufer des Bosporus.

2 Von »Papas Point« aus haben Sie eine gute Sicht auf die nördliche Einfahrt in den Bosporus.

3 Hier steigen Sie auf »Ovids Tower«.

4 Das Wort »Gun« lässt sich auf der Karte 10 Mal lesen.

5 Das Wort „kioy" steht 9 Mal auf der Karte.

6 Konnten Sie das Wasser schöpfen? Gesucht war das englische Wort »Water«.

7 Der Song »In the Air Tonight« von Phil Collins wurde 1981 zum Nummer-eins-Hit in mehreren Ländern.

8 RITA HEPA begibt sich nach Therapia.

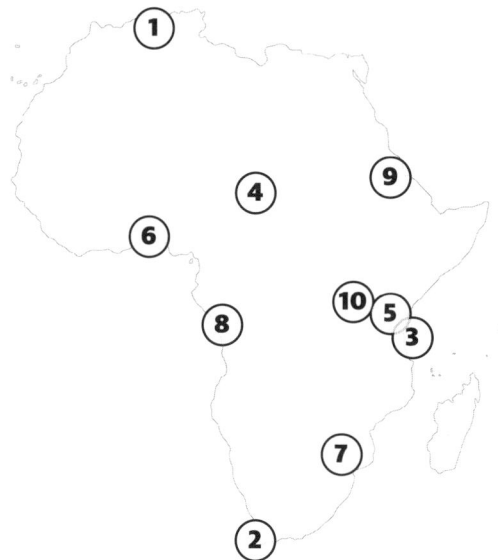

Zu Seite 50 | Wo liegt was in Afrika?

1 Algerien ist das größte Land Afrikas. Die Hauptstadt Algier liegt am Mittelmeer.

2 Das Kap der Guten Hoffnung liegt ganz im Süden von Südafrika, wenngleich es auch nicht den südlichsten Punkt bildet.

3 Die Insel Unguja bzw. Sansibar befindet sich 30 km vor der Ostküste Afrikas und gehört zu Tansania.

4 Der Pfeil weist auf die Republik Tschad, früher ein französisches Kolonialgebiet.

5 Der Kibo liegt im Nordosten Tansanias im Kilimandscharo-Massiv.

6 Lagos ist zusammen mit Kairo (Ägypten) und Kinshasa (DR Kongo) eine der drei großen Metropolregionen in Afrika.

7 Der Kruger-Nationalpark liegt im Nordosten des Landes Südafrika und ist fast halb so groß wie die Schweiz. Benannt ist er nach Paul Kruger, der von 1882 bis 1902 Präsident der Transvaal-Republik war.

8 Der Kongo ist mit einer Länge von 4374 km (mit weiteren Zuflüssen sogar über 4700 km) nach dem Nil der zweitlängste Fluss Afrikas.

9 Eritrea erstreckt sich am Roten Meer und zählt zu den kleineren afrikanischen Staaten.

10 Der Victoriasee ist der drittgrößte See der Erde und liegt auf den Gebieten von Kenia, Tansania und Uganda.

Zu Seite 54 | Die Antarktis – Lust auf Eis?

1 Der Name »New Schwabenland« stammt vom deutschen Expeditionsschiff »Schwabenland« in den Jahren 1938 und 1939.

2 Gondwana ist eine 1983 von Deutschland errichtete Forschungsstation. Sie wurde nach dem erdgeschichtlichen Superkontinent Gondwana benannt.

3 Der Mount Vinson, der höchste Berg der Antarktis, ist auf vielen Karten noch mit 5140 m Höhe angegeben. Inzwischen wurde eine tatsächliche Höhe von 4897 m festgestellt.

4 Das kurz vor Beginn des Zweiten Weltkriegs veröffentlichte Lied »Lili Marleen« entwickelte sich rasch international zum Soldaten-Hit.

5 Die Wostok-Station wurde am 16. Dezember 1957 von der damaligen Sowjetunion eröffnet. Heute wird sie von Russland betrieben.

6 Der Mount Erebus hat eine Höhe von 3794 m und ist der südlichste aktive Vulkan der Erde.

7 Fridtjof Nansen (1861–1930) war ein norwegischer Polarforscher. 1922 erhielt er für seine Verdienste um die internationale Flüchtlingshilfe den Friedensnobelpreis.

8 Georg V. war der Großvater von Elizabeth II. und selbst ein Enkel von Königin Victoria.

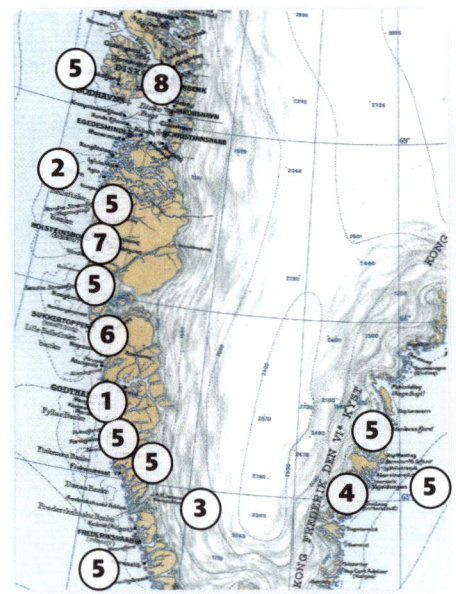

Zu Seite 56 | Eiskalt erwischt auf Grönland

1 Godthaab (heutige Schreibweise: Godthåb; auf Grönländisch: Nuuk) ist nicht nur die Hauptstadt, sondern mit rund 18 000 Einwohnern auch die mit Abstand größte Stadt Grönlands.

2 »Stor« ist das dänische Wort für groß.

3 Nunatak (hier nach Jens Arnold Diderich Jensen benannt) ist die Bezeichnung für einen isolierten Felsen oder Berg, der über die Oberfläche von Gletschern und Inlandeismassen aufragt.

4 Haben Sie den Ausschnitt gefunden?

5 Auf der Karte lassen sich 8 Fjorde zählen.

6 Die Stadt Sukkertoppen (auf Grönländisch: Maniitsoq) wurde im Jahr 1781 gegründet.

7 BOLTINGHORSES ist ein Anagramm für die Stadt Holsteinsborg.

8 »Diskos« ist das griechische Wort für Scheibe. Die grönländische Diskoinsel ist zwar nicht völlig kreisrund, hat aber immerhin in etwa die Größe Korsikas.

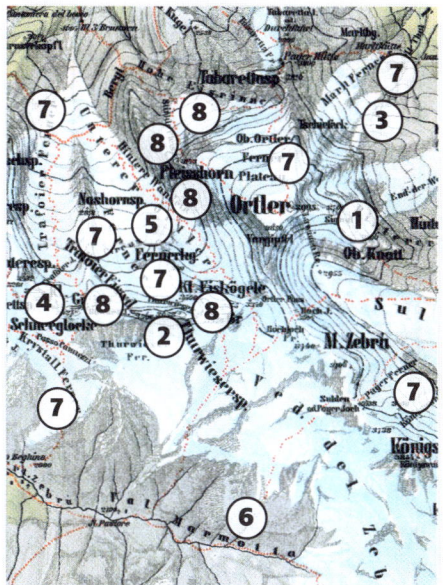

Zu Seite 58 | Bergtour in den Ortler-Alpen

1 „Signal" gefunden?

2 So viele Höhenangaben! Die 3058 m finden Sie hier.

3 Der Ausschnitt entstammt rechts von der Tschierfeck-Wand.

4 OLEG SCHNECKE kraxelt an der Kleinen oder Großen Schneeglocke.

5 Das lateinische Wort für Kreis lautet »Circus«.

6 In Italien schläft man wie ein »Marmotta«.

7 »Ferner« lässt sich auf der Karte 7 Mal zählen.

8 Haben Sie alle 5 »Eis« entdeckt?

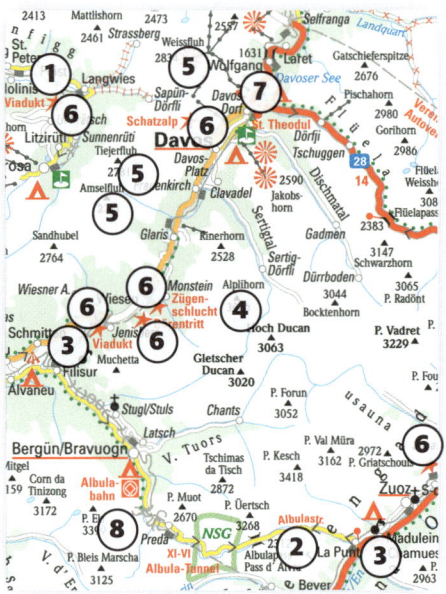

Zu Seite 60 | Grüezi in Davos

1 Die ehemals selbstständige Gemeinde St. Peter liegt wie Davos im Kanton Graubünden und hat deutlich unter 200 Einwohner.

2 Die niedrigste Höhenangabe mit einer 2 als erster Ziffer ist die 2312. Gefunden?

3 Wenn Sie wissen, mit welchem Kartensymbol Ruinen dargestellt werden, ist es gar nicht so schwer, nicht wahr?

4 APOLL HIRN ist ein Anagramm von »Alplihorn«.

5 Das zählen Sie im Nu – nur 3 Mal gibt es »fluh«.

6 Es sind 6 Sehenswürdigkeiten, die auf der Karte durch rote Sterne markiert sind.

7 Die Oper »Die Zauberflöte« wurde von Wolfgang Amadeus Mozart komponiert.

8 Ein umgedrehtes Ale – das ergibt »Ela«.

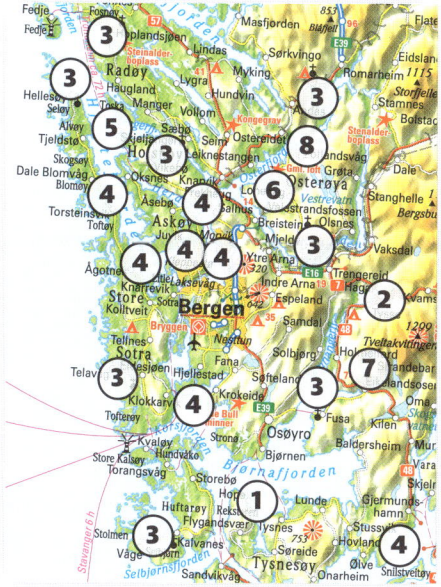

Zu Seite 62 | Die tiefen Fjorde Norwegens

1 »Hope« ist das englische Wort für Hoffnung.

2 TIRED GREEN ist ein Anagramm des Ortes Trengereid.

3 Auf der Karte lassen sich 8 Kirchengebäude zählen.

4 7 Orte auf der Karte enden auf „vik".

5 Gemeint ist die Puccini-Oper »Tosca«. Diese handelt allerdings nicht von Norwegen, sondern spielt in Rom.

6 Der »Osterfjorden« ist nur einer der unzähligen Fjorde an der Westküste Norwegens.

7 Vielleicht haben Sie »Strandebar« am Rand rasch entdeckt.

8 Modernes Wohnen – das ist beispielsweise in einem Loft möglich.

Zu Seite 64 | Reise zum Mond

1 Der Mondkrater Afraganus wurde nach dem muslimischen Astronomen al-Farghani benannt, der den Erdumfang bereits im 9. Jahrhundert mit einer Genauigkeit von 99 Prozent berechnete.

2 Der römische Gelehrte Plinius der Ältere, Namensgeber des Mondkraters Plinius, starb 79. n. Chr. beim Ausbruch des Vesuvs.

3 Hypatia war eine spätantike griechische Wissenschaftlerin in Alexandria, die im frühen 5. Jahrhundert von einem aufgehetzten Mob ermordet wurde.

4 Der dänische Astronom Tycho Brahe machte seinerzeit spektakuläre Entdeckungen auch ohne Fernrohr.

5 Auf der Karte kommen 4 »MARE« vor.

6 Das lateinische Wort für Hahn lautet »Gallus« – es lässt sich herleiten, wenn Sie an den »gallischen Hahn« denken.

7 NEAR END ist ein Anagramm des Mondkraters »Neander«, benannt nach dem deutschen Mathematiker Michael Neander (1529–1581)

8 Haben Sie den Ausschnitt mit den Mondkratern aufgespürt?

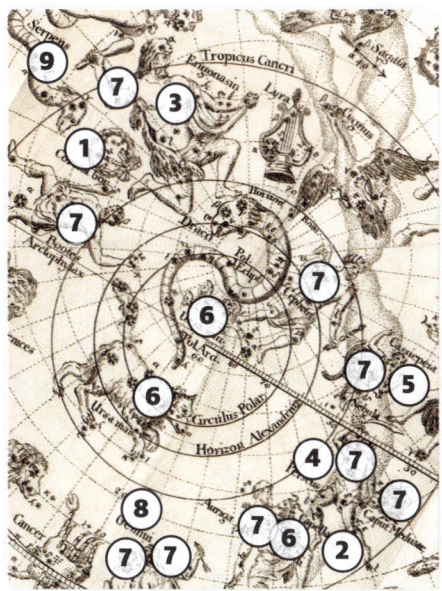

Zu Seite 66 | Es steht in den Sternen

1 »Corona Borealis«, die »Nördliche Krone«, ist ein Sternbild nördlich des Himmelsäquators.

2 »Capella« bedeutet »kleine Ziege«. Es handelt sich um den Hauptstern im Sternbild Fuhrmann.

3 Der Ausschnitt stammt von Herkules – auf dieser Karte mit »Erigonasin« bezeichnet.

4 Zeus zeugte als goldener Regen den Heroen Perseus, den die Königstochter Danaë gebar.

5 In der griechischen Mythologie ist Kassiopeia (auf der Karte »Cassiepeia«) die Mutter von Andromeda.

6 Nur 3 Säugetiere sind vollständig abgebildet, nämlich der Große und der Kleine Bär und natürlich die Ziege im Sternbild Fuhrmann.

7 Vergessen Sie beim Zählen nicht den Kopf der Medusa! Es sind insgesamt 9.

8 Die lateinische Übersetzung von »Zwillinge« lautet »Gemini«.

9 »Schlange« heißt auf Lateinisch »Serpens«.

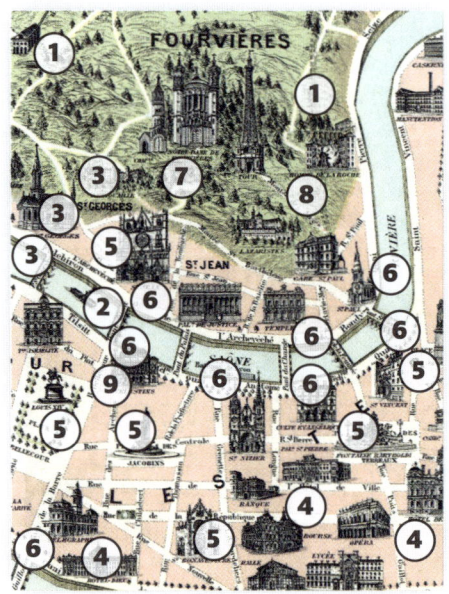

Zu Seite 70 | Lyon in der Belle Époque

1 Ein »Lyon« zu Lande findet sich links und rechts oben auf der Karte, zu Wasser sehen Sie eines in der Saône.

2 Die Brücke »Pont Tilsitt« klingt doch verdächtig nach Tilsiter Käse.

3 »Georges« begegnen Sie auf der Karte 3 Mal.

4 Auch ein »Hôtel« lässt sich auf der Karte 3 Mal zählen.

5 Es sind 6 »Place« beziehungsweise »Pl.«.

6 Ein »Quai« oder »Q.« zählen Sie 8 Mal.

7 Das englische Zahlwort »four« kommt im Kirchengebäude »Notre-Dame de Fourvières« vor, einer ab 1872 erbauten Wallfahrtskirche.

8 Das französische Wort für »Mann« lautet »homme«.

9 Auf LUC BOLERE treffen Sie in der Rue Bellecour.

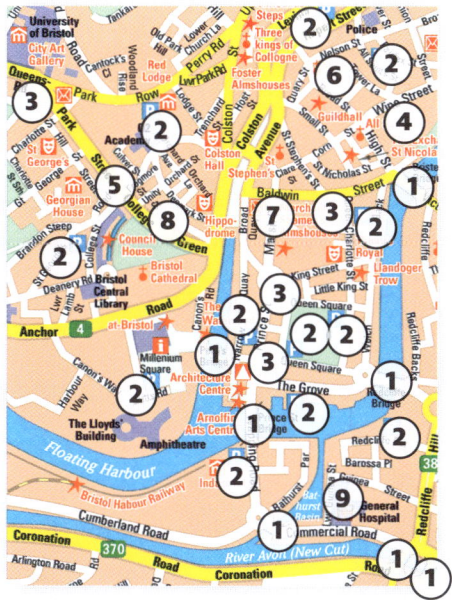

Zu Seite 72 | Very British in Bristol

1 »Über 7 Brücken musst du gehn …«

2 Ja, ja, an dem einen oder anderen freien Parkplatz fährt man gern mal vorbei. Es sind 12 Parkplatz-Symbole.

3 Eine »Queen« lässt sich auf der Karte 4 Mal zählen.

4 Wo Alkohol fließt? Natürlich in der »Wine Street« – der Weinstraße.

5 Das englische Wort für »Frosch« ist »Frog« – ein Frosch hüpft demzufolge in der »Frogmore Street«.

6 Der englische Nationalheld Admiral Horatio Nelson besiegte in der Schlacht von Trafalgar die französisch-spanische Flotte und sicherte so die britische Vorherrschaft zur See.

7 Alec Baldwin war unter anderem im Film »Jagd auf Roter Oktober« zu sehen.

8 Haben Sie Denmark (Dänemark) entdeckt?

9 Das gesuchte Land in Westafrika ist Guinea, eine ehemalige französische Kolonie.

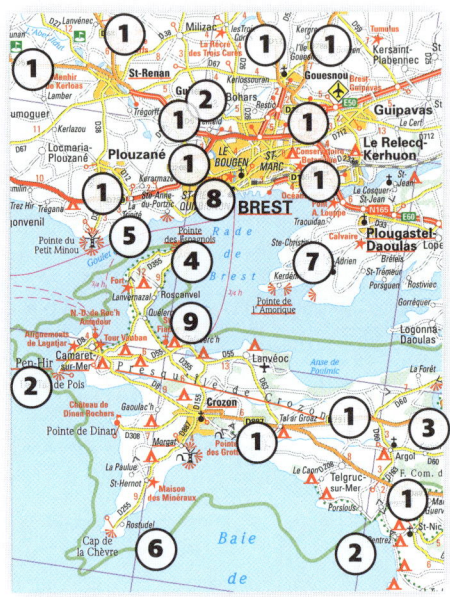

Zu Seite 74 | Brillieren Sie in der Bretagne

1 Es sind 12 gelbe Straßenschilder.

2 3 Mal wird ge-»Pen«-t: in Penfeld, Pen-Hir und Pentrez.

3 Kevin steckt im Ortsnamen »Kerivin«.

4 Bestimmt haben Sie den »Espagnol« entdeckt.

5 »Dreieinigkeit« oder »Trinität« heißt auf Französisch »La Trinité«.

6 LORD TESU finden Sie in Rostudel.

7 Christine Lagarde ist eine französische Politikerin und Juristin. 2019 wurde sie Präsidentin der Europäischen Zentralbank.

8 Der FC Arsenal ist einer von mehreren namhaften Londoner Fußballvereinen.

9 Zugegeben, eine schwierige Frage! Gesucht war der heilige Fiacrius, der um 590 in Irland geboren wurde und etwa 670 in Frankreich starb.

Zu Seite 76 | Pilgern nach Santiago de Compostela

1 »Fisterra« bedeutet »Ende der Welt«. Manche Jakobsweg-Pilger beenden erst beim Leuchtturm am Cabo Fisterra ihre Pilgerfahrt.

2 Die niedrigste Zahl auf der Karte, die sich nicht auf einem Schild befindet, ist die 13.

3 Haben Sie »Reis« gefunden? Dann guten Appetit!

4 Das spanische Wort für »klein« lautet »pequeño«.

5 BAR MÁRTINES ist ein Anagramm des Ortsnamens Bertamiráns.

6 Der spanische Fußballspieler und Weltmeister David Silva wurde 1986 auf Gran Canaria geboren.

7 Sie können an 8 verschiedenen Tankstellen tanken.

8 »Ponte« kommt auf der Karte 8 Mal vor.

9 »Roque« ist ein Stück von »Roquefort«, einem französischen Blauschimmelkäse.

Zu Seite 78 | Kleiner Felsen in der Brandung

1 Konnten Sie ermitteln, von wo auf der Karte der Ausschnitt stammt?

2 Das »Chateau« sehen Sie ganz unten auf der Karte.

3 St. Maurice ist heute ein Stadtteil von La Rochelle.

4 Cherchez la femme! Die »Madame« haben Sie sicherlich rasch entdeckt.

5 »La fromagère« bedeutet übersetzt »die Käsemacherin«.

6 Das HOTEL ALLACLIN steht in Chatellaillon. Heute heißt der kleine Badeort Châtelaillon-Plage.

7 Leonard Bernstein lebte von 1918 bis 1990. Sein berühmtestes Werk ist das Musical »West Side Story« aus dem Jahr 1957.

8 Martin Luther (1483–1546) war einer der bedeutendsten Reformatoren. Übrigens war La Rochelle eine der Hochburgen der Hugenotten, also der französischen Protestanten.

Zu Seite 80 | Stadtbummel durch Barcelona

1 Die Post ist auf der Karte durch ein weiß-rotes Briefsymbol gekennzeichnet.

2 Sicherlich beherbergt der Zoo von Barcelona, der im Jahr 1892 eröffnet wurde, nicht nur Hirsche.

3 Pablo Picasso lebte von 1881 bis 1973 und zählt zu den bedeutendsten spanischen Künstlern der Geschichte.

4 Joaquim Renart (1879–1961) wurde in Barcelona geboren und wirkte als Maler, Grafiker sowie Innenarchitekt.

5 »Rocky«, gespielt von Sylvester Stallone, heißt mit Nachnamen Balboa.

6 Auf der Karte befinden sich 6 Museen – die beiden ebenfalls mit einem »M« gekennzeichneten Metro-Stationen zählen Sie bitte nicht mit.

7 »Carrer« ist das katalanische Wort für »Straße«. Sie finden es auf der Karte in ausgeschriebener Form 16 Mal.

8 »Ausweg« heißt auf Spanisch »sortida«.

9 Ein Fischer wird in der spanischen Sprache »pescador« genannt.

Zu Seite 82 | Gironde und Médoc

1 Haben Sie die »Antenne« korrekt ausgefahren?

2 »Bourg« bedeutet auf Französisch soviel wie »Marktflecken«.

3 CHEFROTOR ist ein Anagramm der Stadt Rochefort. Der Name der Stadt bedeutet »starker Fels«.

4 Das Médoc zählt zu den bekanntesten Weinbauregionen. Auf der Karte kommt »Médoc« 6 Mal vor.

5 Ob Sie wirklich ALLE Flugzeuge gezählt haben? Es sind 12.

6 Cognac wird aus Weißweinen gebrannt. Namensgeber der geschützten Herkunftsbezeichnung ist die französische Stadt Cognac.

7 Die Mutter Konstantins des Großen war die heilige Helena – Sainte Hélène.

8 Das französische Wort für Börse lautet eigentlich »bourse« und die ehemalige französische Währung »Franc«. Das passt doch ziemlich gut auf »Bourcefranc«.

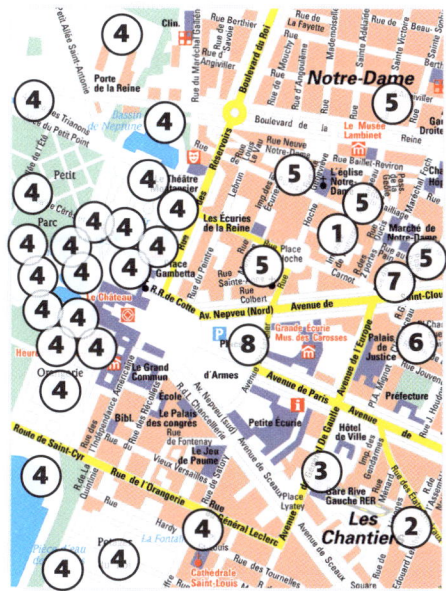

Zu Seite 84 | Spaziergang durch Versailles

1 In Toulouse, der viertgrößten Stadt Frankreichs, befindet sich unter anderem die Konzernzentrale von Airbus.

2 Limoges ist die Hauptstadt der früheren französischen Region Limousin, von der die »Limousine« ihren Namen hat.

3 Gar nicht schwierig, nicht wahr? Ein Bahnhof heißt in Frankreich »Gare«.

4 Die Wasserspiele im Schlosspark von Versailles sind legendär. Und Wasserflächen zählen Sie ziemlich viele, nämlich 23.

5 Haben Sie jeder »Dame« ihre Aufwartung gemacht? Es sind 5.

6 Georges Clemenceau war von 1906 bis 1909 sowie von 1917 bis 1920 französischer Ministerpräsident.

7 Sultan Saladin lebte im 12. Jahrhundert und errang insbesondere durch die Eroberung Jerusalems großen Ruhm.

8 John D. Rockefeller gilt als erster Milliardär der Weltgeschichte. Sein Geld machte er mit der »Standard Oil Company«.

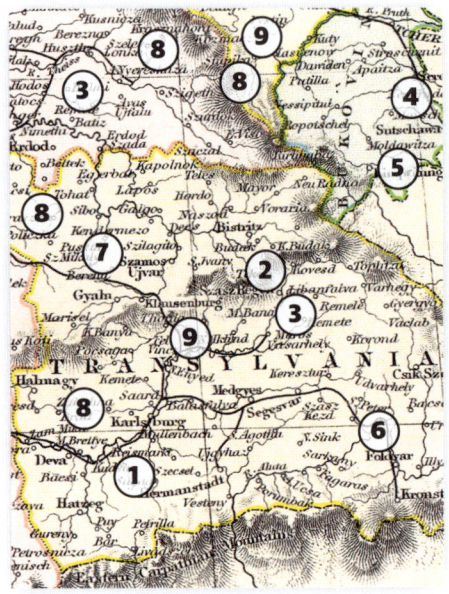

Zu Seite 86 | Zu Gast bei Graf Dracula

1 Das Örtchen »Reismarkt« heißt auf Rumänisch Miercurea Sibiului und hat heute rund 4000 Einwohner.

2 »Regen« sehen Sie ziemlich genau in der Mitte der Karte.

3 Keine leichte Aufgabe! Der Ortsname »Remete« hat sechs Buchstaben und kommt zweimal auf der Karte vor.

4 Ein »Marsch« lässt sich im rechten oberen Bereich der Karte lesen.

5 WALTZ AMIDO ist ein Anagramm von Moldawitza.

6 Der US-amerikanische Schauspieler Peter Falk wurde durch seine Rolle als schusseliger Inspektor »Columbo« weltberühmt.

7 Die Puszta ist eine Steppe in Ungarn, der Slowakei sowie im österreichischen Burgenland.

8 Wörter mit der Endung »ka« zählen Sie 4 Mal auf der Karte.

9 Nur 2 Wörter auf der Karte enden auf »cz«.

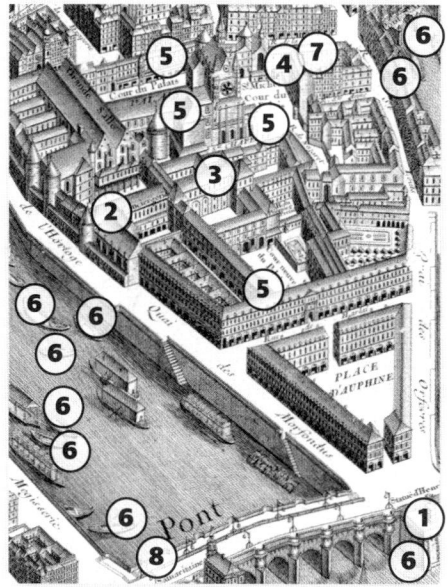

Zu Seite 88 | Beaucoup de plaisir in Paris

1 Die Reiterstatue in der Brückenmitte des Pont Neuf zeigt König Heinrich IV. von Frankreich.

2 Die Conciergerie gehört zum Palais de la Cité, der vom 10. bis 14. Jahrhundert die Residenz der französischen Könige war.

3 Haben Sie herausgefunden, woher der Ausschnitt stammt?

4 Michel de Montaigne lebte von 1533 bis 1592. Den Baubeginn des Pont Neuf im Jahr 1578 könnte er also miterlebt haben.

5 Das Wort »Palais« steht auf der Karte 4 Mal geschrieben.

6 Ganz schön knifflig, nicht wahr? Es sind 9 vollständig abgebildete Boote ohne Dach. Die beiden Boote rechts oben haben Sie doch wohl nicht übersehen?

7 Ein RIE LIBERAL – ein »liberales Lachen« – ertönt in der Rue de la BARILLERIE.

8 Das größte Warenhaus von Paris »La Samaritaine« liegt tatsächlich am Rande der Pont Neuf.

Zu Seite 90 | Flagge zeigen für Europa

1 **C** Das Fürstentum Liechtenstein, der sechstkleinste Staat der Erde, liegt in den Alpen und grenzt an Österreich sowie die Schweiz.

2 **F** Norwegen war über viele Jahrhunderte bis 1814 unter der Vorherrschaft von Dänemark in einer Union. Die norwegische Flagge ist an die dänische Flagge angelehnt, verwendet jedoch die Farben des norwegischen Königshauses.

3 **E** Das Wappen auf der Flagge Andorras zeigt die Mitra und den Hirtenstab des Bischofs von Urgell, drei rote Pfähle, die für die Grafen von Foix stehen, vier rote Pfähle als Symbol für Katalonien sowie Kühe als Symbol für die Grafen von Béarn.

4 **A** Estland ist der nördlichste der drei baltischen Staaten. Kein Wunder also, dass auf der Flagge auch »Schnee« abgebildet ist.

5 **B** So heißt es in der nordmazedonischen Nationalhymne: »Heute über Mazedonien wird die neue Sonne der Freiheit geboren, die Makedonen kämpfen für ihre Gerechtigkeit ...«.

6 **H** Der »Schnee« auf der Flagge San Marinos stammt vom höchsten Berg San Marinos, dem 739 m hohen Monte Titano.

7 **G** Die sechs Sterne auf der Flagge der südosteuropäischen Republik Kosovo stehen für die dort lebenden ethnischen Gruppen: Albaner, Bosniaken, Roma, Serben, Türken sowie die sonstigen Minderheiten.

8 **D** Die auf der Flagge Zyperns unterhalb des Inselumrisses abgebildeten Zweige stammen von einem Olivenbaum.

Zu Seite 92 | Erkennen Sie das Land?

1 **G** Kroatien liegt in der Übergangszone zwischen Mittel- und Südosteuropa. Dank seines Zugangs zur Adria ist es ein beliebtes Urlaubsland.

2 **A** Litauen ist das südlichste der drei baltischen Länder. Im Westen grenzt es an die Ostsee.

3 **F** Die Hauptstadt der Niederlande ist Amsterdam, der Regierungssitz befindet sich jedoch in Den Haag.

4 **J** Die seit dem 1. Januar 1993 bestehende Tschechische Republik setzt sich aus den historischen Gebieten Böhmen, Mähren sowie Teilen von Schlesien zusammen.

5 **H** Zu Dänemark gehört auch Grönland, die größte Insel der Welt, die geografisch zu Nordamerika zählt.

6 **C** Portugal liegt, mit einer langen Grenze zu Spanien, auf der Iberischen Halbinsel.

7 **I** Das Alpenland Österreich erklärte am 26. Oktober 1955 seine »immerwährende Neutralität«. Heute ist dies der jährliche Nationalfeiertag in Österreich.

8 **D** Finnland erstreckt sich über eine riesige Fläche bis in den hohen Norden, der überwiegende Teil der Bevölkerung lebt jedoch im Süden des Landes.

9 **E** Das südosteuropäische Griechenland liegt am Mittelmeer und verfügt über eine große Inselwelt.

10 **B** Die Schweiz ist nur halb so groß wie sein Nachbarland Österreich, hat jedoch fast genauso viele Einwohner.

Zu Seite 94 | Skyline-Rätsel: Städte-Reise in Europa

1 London wurde 50 n. Chr. von den Römern gegründet und hieß ursprünglich Londinium. Seit 1066 ist London die englische Hauptstadt.

2 Die spanische Hauptstadt Madrid ist unter anderem für ihre großartigen Museen bekannt, zum Beispiel das Museo del Prado.

3 Sankt Petersburg ist die nördlichste Millionenstadt der Erde und liegt am Finnischen Meerbusen der Ostsee.

4 Paris hat sich aus der keltischen Siedlung »Lutetia« inmitten der Seine zu einer der größten Metropolen Europas entwickelt.

5 Die deutsche Großstadt Hamburg liegt an der Elbe. Hier befindet sich einer der größten Umschlaghäfen der Welt.

6 Die polnische Hauptstadt Warschau verfügt über eine wiederaufgebaute historische Altstadt, die seit 1980 zum Welterbe der UNESCO zählt.

7 Einst über Jahrhunderte hinweg das Zentrum der antiken Welt ist Rom heute die Hauptstadt Italiens und beherbergt gleichzeitig den Vatikan.

8 In der spanischen Mittelmeer-Metropole Barcelona können Sie unter anderem über die Flaniermeile »La Rambla« spazieren.

9 Moskau ist das politische, kulturelle und wirtschaftliche Zentrum Russlands und neben Istanbul die bevölkerungsreichste Stadt Europas.

10 Die tschechische Hauptstadt Prag wird manchmal auch »Goldene Stadt« genannt.

11 Berlin ist die Hauptstadt Deutschlands. Von 1961 bis 1989 war sie in einen zur BRD gehörenden Westteil und einen zur DDR gehörenden Ostteil geteilt.

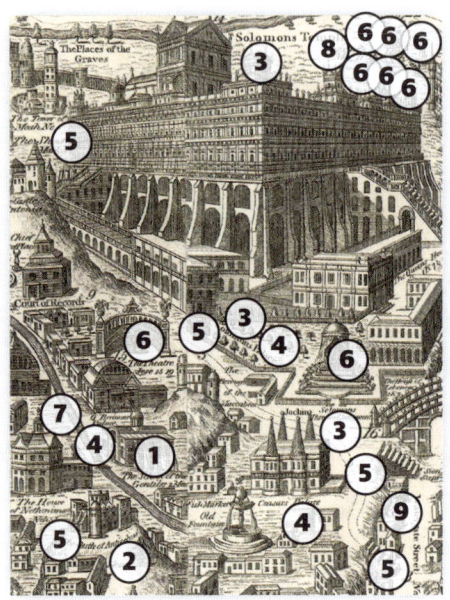

Zu Seite 98 | Salomos Jerusalem

1 Die englischsprachige Schule ist die »School of the Gentiles« - die »Schule der Nichtjuden«.

2 ANIS TOUCH ist ein Anagramm von »Antiochus«.

3 Das Wort »Solomon« kommt auf der Karte 3 Mal vor.

4 Und auch das Wort »Palace« lässt sich auf der Karte 3 Mal zählen.

5 Die 3 hingegen kommt auf der Karte 5 Mal vor.

6 Haben Sie alle 8 Personen gefunden? Beachtlich!

7 Bei Ihrem Bummel durch Jerusalem haben Sie bestimmt die richtige Stelle gefunden.

8 Der Frauenname Anna steckt in »Hosanna«.

9 Die »Watergate«-Affäre führte 1974 zum Rücktritt des damaligen US-Präsidenten Richard Nixon – der einzige Rücktritt eines US-Präsidenten in der gesamten Geschichte der USA.

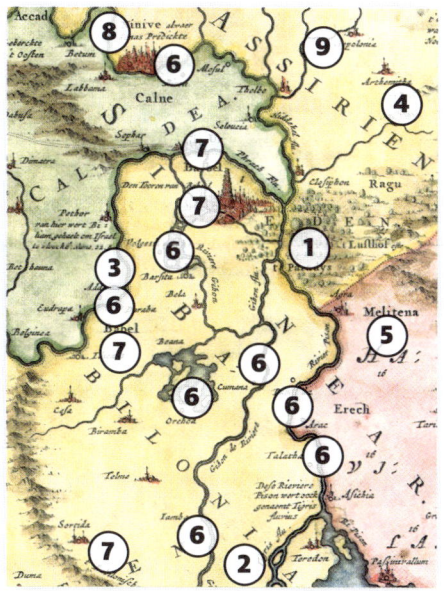

Zu Seite 100 | Einladung in den Garten Eden

1 Das Paradies – der »Garten Eden« – ist in Mesopotamien, einer Kulturlandschaft in Vorderasien, angesiedelt.

2 Der Tigris ist einer der Flüsse im Garten Eden. »Tigris« ist nur eine von vielen Bezeichnungen für diesen bedeutenden Fluss in Vorderasien.

3 Haben Sie die Bibelstelle »Nume. 22. 5.« entdeckt? »Numeri« entspricht dem 4. Buch Mose.

4 » Arthemitha« klingt doch verdächtig nach einer etwas durcheinandergeratenen »Arithmetik« – oder etwa nicht?

5 Die »Elite« steckt im Wort »Melitena«.

6 Nur rote Kreise werden gezählt: Es sind 8 rote Kreise ohne zusätzliches Bauwerk.

7 Alle gefunden? »Bab« lässt sich auf der Karte 4 Mal zählen.

8 IN VEIN ist ein Anagramm von Ninive, einer mesopotamischen Stadt, die im 19. Jahrhundert wiederentdeckt wurde.

9 Der weibliche Vorname »Appolonia« bezieht sich auf den griechischen Gott Apoll.

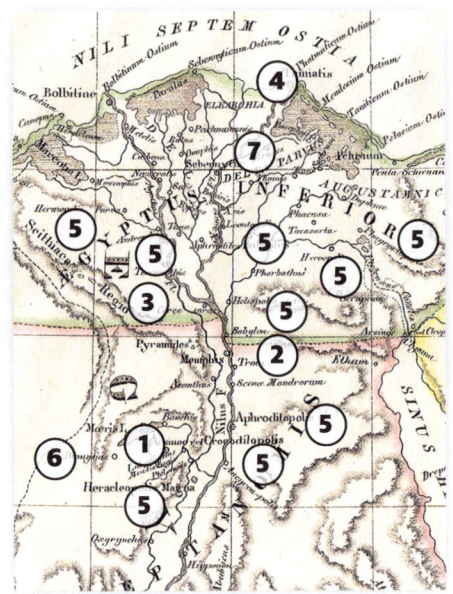

Zu Seite 102 | Zu Besuch bei Kleopatra

1 Haben Sie sich einen Weg zum »Labyrinthus« gebahnt?

2 Dieses »Troia« hat nichts mit dem Troja zu tun, das auf dem Gebiet der heutigen Türkei liegt und im 19. Jahrhundert von Heinrich Schliemann entdeckt wurde.

3 Fünf Buchstaben, 3 »e« – dies gilt für »Ceree«.

4 SAMI TATI ist ein Anagramm von »Tamiatis«.

5 »Polis« bedeutet im Griechischen »Stadt«. Davon gibt es 9 auf der Karte.

6 Haben Sie »Dionysias« gefunden?

7 »Delta« ist der vierte Buchstabe des griechischen Alphabets.

Zu Seite 104 | Ganz Gallien ist von den Römern besetzt

1 Das Wort »Fines« taucht auf der Karte 3 Mal auf.

2 Es sind 4 römische Zahlen mit einem Strich darüber, wobei die römische Vier eigentlich meist als »IV.« geschrieben wird.

3 Das Wort »Herculis« ist doch fast ein »Herkules«, nicht wahr?

4 Bonn – auf Lateinisch Bonna – war von 1949 bis 1990 die Hauptstadt der Bundesrepublik Deutschland.

5 Agrippina die Jüngere war die Gemahlin des römischen Kaisers Claudius und die Mutter von Kaiser Nero. Sie ist ein Namensbestandteil der römischen Bezeichnung für das heutige Köln.

6 »Mosella fluvius« ist die Mosel, »Mosa fluvius« dagegen ist die Maas.

7 Ariola ist ein 1958 gegründetes deutsches Plattenlabel, heutiger Mutterkonzern ist Sony.

8 Die sogenannte »Ardennenoffensive« dauerte vom 16. Dezember 1944 bis 21. Januar 1945 und war ein erfolgloser Versuch der deutschen Wehrmacht, den Hafen von Antwerpen zurückzuerobern.

Zu Seite 106 | Brot und Spiele im alten Rom

1   Die Fontana di Trevi ist es nicht, aber tatsächlich gab es schon im antiken Rom Springbrunnen.

2   Das antike »Pompeii« wurde 79 n. Chr. bei einem Ausbruch des Vesuvs vollständig von Asche und Bims verschüttet.

3   Ein römisches »Forum« kann am ehesten mit unseren heutigen Marktplätzen verglichen werden.

4   Fortuna ist in der römischen Mythologie die Glücks- und Schicksalsgöttin.

5   Kaiser Augustus war der Großneffe und Haupterbe Julius Cäsars. Von 31 v. Chr. bis 14 n. Chr. war er Alleinherrscher des Römischen Reiches.

6   Haben Sie die beiden »DOMVS« entdeckt? »Domus« ist das lateinische Wort für Haus.

7   Es sind 5 »VICVS«. Hier ist »Vicus« die lateinische Bezeichnung für eine Straße oder ein Stadtviertel.

8   »Vicus fidei« bedeutet übersetzt die »Straße des Vertrauens«.

9   In »Circus Maximus« kommen nur die 3 Buchstaben A, R und X jeweils genau einmal vor.

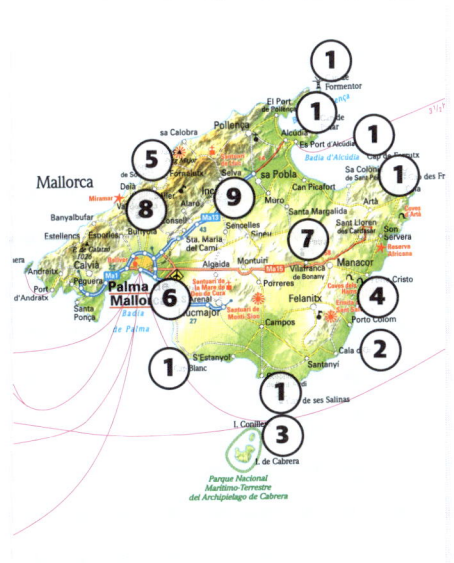

Zu Seite 110 | **Malerisches Mallorca**

1 Auf der Karte lassen sich 6 »Cap« zählen. zählen. Doch Mallorca wartet mit noch viel mehr beeindruckenden Kaps auf.

2 Zumindest für einen Franzosen ist ein Ort »d'Or« ein Ort »aus Gold«.

3 EN ARCILLO ist ein Anagramm für die Insel Conillera, die »Kanincheninsel«.

4 Das spanische Wort für »Retter« lautet »Salvador«.

5 Der »Puig Major« ist mit einer Höhe von 1445 m der höchste Berg Mallorcas.

6 Der frühere »Ballermann 6« befindet sich im Ort S'Arenal, der unmittelbar an Palma de Mallorca angrenzt.

7 »Petra« ist das altgriechische Wort für »Felsen« und der Name einer berühmten Ruinenstätte in Jordanien.

8 Die bei Touristen sehr beliebte Privatbahn Ferrocarril de Sóller fährt seit ihrer Eröffnung im Jahr 1912 in das Örtchen Sóller.

9 Die Inka – hier auf der Karte vertreten durch das spanische »Inca« – herrschten vom 13. bis zum 16. Jahrhundert über ein großes Reich in Südamerika.

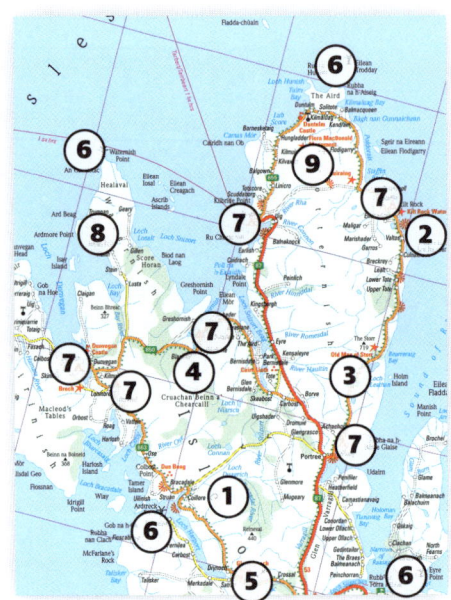

Zu Seite 112 | Isle of Skye – Schottlands Insel des Nebels

1 Loch ist das schottische Wort für Seen, aber auch für schmale Meeresbuchten. Der Loch Duagrich befindet sich an der markierten Stelle.

2 Ein Kilt ist bekanntlich ein schottischer Rock, der traditionell nur von Männern getragen wird.

3 Der Old Man of Storr ist eine 48 m hohe Felsnadel auf der Isle of Skye.

4 BILL CHALK verbirgt sich in Blackhill am gleichnamigen Wasserfall.

5 Satan gibt es nicht auf der Isle of Skye, jedoch Satran.

6 Auf der Karte lassen sich 4 Leuchttürme zählen.

7 Es befinden sich 6 Campingplätze auf der Karte.

8 Donald Trump, der 45. Präsident der USA, verbirgt sich im Ortsnamen Trumpan.

9 Gesucht ist die schottische Heldin Flora MacDonald (1722–1790).

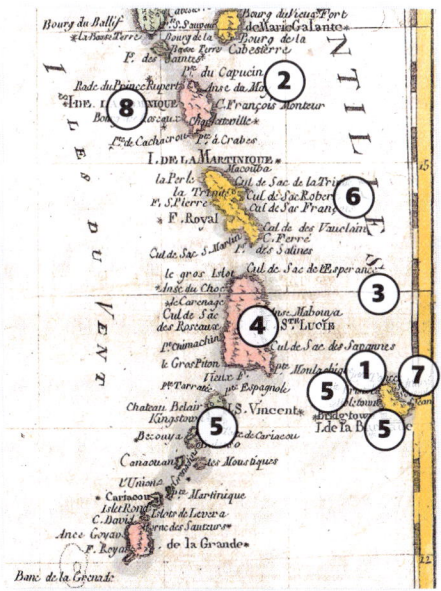

Zu Seite 114 | Inseln über dem Winde

1   Sie finden »Bristol« auf der Insel Barbados.

2   Der Frühling startet so richtig durch, und zwar im englischen »May«.

3   Das französische Wort für »Hoffnung« lautet »espérance«.

4   Die heilige Lucia wurde um 283 in Syrakus auf der Insel Sizilien geboren. Sie starb 304 während der Diokletianischen Christenverfolgung als Märtyrerin.

5   Drei Ortsnamen auf der Karte enden auf »town«, nämlich Kingstown, Holetown und Bridgetown.

6   Robert Redford wurde mit zwei Oscars ausgezeichnet: 1981 erhielt er einen Oscar für sein Regiedebüt »Eine ganz normale Familie« und 2002 einen Ehren-Oscar für sein Lebenswerk.

7   Joseph Conrad war ein polnisch-britischer Schriftsteller, der von 1857 bis 1924 lebte. Sein Roman »Herz der Finsternis« diente als Vorlage für den Film »Apocalypse Now«.

8   »Purple Rain« war 1984 der internationale Durchbruch des musikalischen Multitalents »Prince« (1958–2016).

Zu Seite 116 | Guadeloupe unter der Lupe

1 Der höchste Punkt auf der Karte ist mit »1484 m« bezeichnet. Nach heutigen Messungen ist der aktive Vulkan Soufrière 1467 m hoch und damit der höchste Berg der Kleinen Antillen.

2 Der New Yorker Schriftsteller Herman Melville war selbst Seemann und veröffentlichte 1851 seinen Klassiker »Moby Dick«.

3 François Mitterrand war von 1981 bis 1995 französischer Staatspräsident.

4 Das Wort »Morne« zählen Sie 5 Mal.

5 Na, kein »Terre« übersehen? Es sind 10.

6 Hier sehen Sie den »Pointe des Fous« – den »Punkt der Narren«.

7 England wird im Französischen »l'Angleterre« genannt.

8 Portsmouth auf Dominica ist mit wenigen Tausend Einwohnern die zweitgrößte Gemeinde des Inselstaats. Portsmouth in England hat hingegen weit über zweihunderttausend Einwohner.

Zu Seite 118 | Wir lagen vor Madagaskar …

1 Die Insel Mayotte zählt zum Archipel der Komoren, ist aber gleichzeitig eine Übersee-Region Frankreichs.

2 Sansibar ist eine Inselgruppe, die zu Tansania gehört. Die Hauptinsel hieß früher ebenfalls Sansibar, wird heute jedoch Unguja genannt.

3 In »Capricone« steckt die italienische Insel Capri drin.

4 Ein anderer Name für Taiwan ist »Formosa«.

5 Die größte Insel der Seychellen trägt den Namen Mahé – auf ihr wohnen fast 90 Prozent der Gesamtbevölkerung.

6 Bitte einen »Bourbon«!

7 Vincent van Gogh lebte von 1853 bis 1890 und zählt zu den Begründern der modernen Malerei.

8 Auf der Karte lassen sich insgesamt 3 »Basse« entdecken.

9 MARC DA SAGA ist ein Anagramm von »Madagascar«.

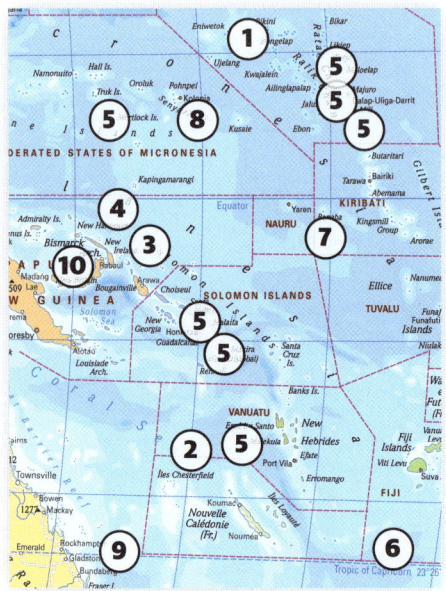

Zu Seite 120 | Pazifische Inselwelt am Äquator

1 Das Bikini-Atoll war in den 1940er- und 1950er-Jahren Schauplatz von Kernwaffentests der USA. Nach ihm wurde ein 1946 vorgestellter zweiteiliger Badeanzug für Frauen benannt.

2 Die Zigarettenmarke »Chesterfield« war angeblich die Lieblingsmarke von James Dean und Humphrey Bogart.

3 Der gesuchte europäische Inselstaat ist Ireland – Irland.

4 Hannover ist die Hauptstadt des Bundeslandes Niedersachsen.

5 7 der Inseln auf der Karte fangen mit einem M an.

6 »Wendekreis des Steinbocks« ist übrigens auch der Titel eines Romans von Henry Miller.

7 Verändern Sie einen Buchstaben, dann wird aus der Insel »Banaba« eine »Banana«.

8 ILKA NOO ist ein Anagramm der Insel Kolonia.

9 William Ewart Gladstone lebte von 1809 bis 1898 und zählt zu den bedeutendsten britischen Politikern des 19. Jahrhunderts.

10 Otto von Bismarck (1815–1898) war der erste Reichskanzler des 1871 gegründeten Deutschen Reiches.

Zu Seite 122 | Flagge zeigen: Ozeanien

1 F Nauru ist mit einer Fläche von 21,1 km² die kleinste Republik der Erde.

2 G Die Hauptstadt von Palau ist Ngerulmud mit weniger als 300 Einwohnern.

3 B Tonga ist ein polynesisches Königreich. Der Archipel wurde früher auch Freundschaftsinseln genannt.

4 D Papua-Neuguinea ist, nach Indonesien und Madagaskar, der drittgrößte Inselstaat der Erde.

5 H In Samoa wird bereits der Jahreswechsel gefeiert, während es in Mitteleuropa gerade einmal 11 Uhr am Silvestervormittag ist.

6 A Die Bewohner der Republik Marshallinseln sind die Marshaller, ihre Sprache ist das Marshallesisch.

7 E Kiribati wurde nach dem britischen Kapitän Thomas Gilbert benannt. Er hat Kiribati allerdings weder entdeckt noch erforscht. Die kiribatische Aussprache seines Namens führte zur heutigen Staatsbezeichnung.

8 C Das britische Staatsoberhaupt ist auch das Staatsoberhaupt des Inselstaats Tuvalu, der zum Commonwealth of Nations gehört.

Zu Seite 124 | Inselstaaten in Umrissen

1 C Taiwan hat nur eine Fläche von etwa 36 000 km², auf der sich aber rund 24 Millionen Einwohner tummeln.

2 J Jamaika ist, nach Kuba und Hispaniola, die drittgrößte Insel der Großen Antillen.

3 H Madagaskar zählt aufgrund seiner Vielzahl von endemischen Tier- und Pflanzenarten zu den Megadiversitäts-Ländern der Erde.

4 I Außer der Hauptinsel Kuba besteht der Inselstaat Kuba aus der Isla de la Juventud sowie über 4000 kleineren Inseln.

5 A Island stößt fast an den nördlichen Polarkreis, aufgrund des warmen Golfstroms ist das Klima dennoch relativ mild.

6 G Malta ist die Hauptinsel der Republik Malta, zwei weitere bewohnte Inseln dieses Inselstaats sind Gozo und Comino.

7 F Ab 1815 zählte Sri Lanka für über zwei Jahrhunderte zum Britischen Weltreich, wurde jedoch 1948 von Großbritannien unabhängig.

8 E In Neuseeland teilen sich nur rund fünf Millionen Menschen eine Fläche von etwa 270 000 km².

9 B Die Republik Kap Verde besteht aus den Kapverdischen Inseln, einem Archipel mit einer Landfläche von etwa 4000 km².

10 D Rund fünf Sechstel von Irland gehören zur Republik Irland, das letzte Sechstel umfasst das zum Vereinigten Königreich zählende Nordirland.

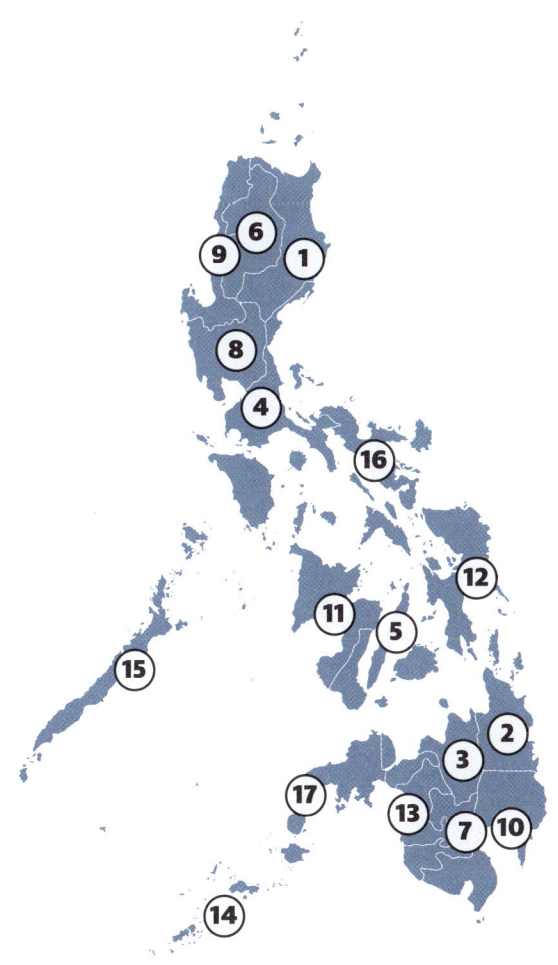

Zu Seite 126 | Philippinen-Puzzle

Konnten Sie alle Puzzle-Teile zuordnen? So sieht die richtige Lösung aus.

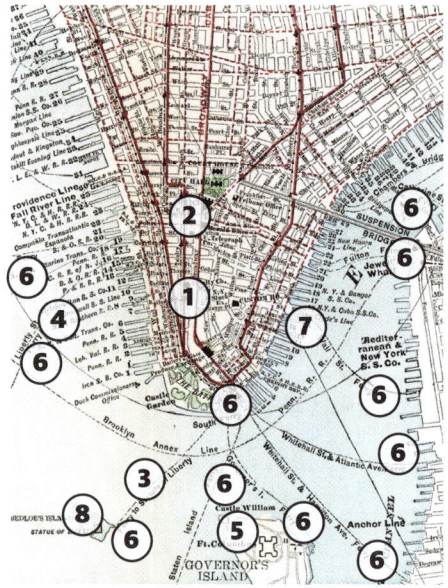

Zu Seite 130 | New York City anno dazumal

1 Am Broadway befindet sich die im Jahr 1846 fertiggestellte Trinity Church.

2 Die Post geht ab im Post Office.

3 Die Fähre zur Freiheitsstatue fährt zur »Statute of Liberty«.

4 Oliver Cromwell (1599–1658) war von 1653 bis zu seinem Malaria-Tod 1658 »Lordprotektor« in England.

5 Haben Sie das Ei des COLUMBUS gefunden? Okay, in diesem Fall ist es ein Fort auf Governors Island.

6 Das Wort »Ferry« kommt auf dem Wasser insgesamt 11 Mal vor.

7 Auf der Karte ist Clyde's Line zu finden, der andere Part des Gangster-Duos »Bonnie und Clyde«.

8 Bedloe's Island, die Insel auf der die Freiheitsstatue steht, heißt seit 1956 offiziell Liberty Island.

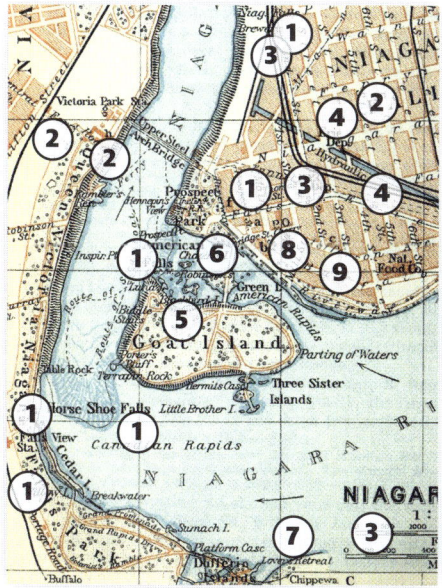

Zu Seite 132 | Berauschende Niagarafälle

1 Gar nicht so leicht, alle »Falls« zu finden. Es sind 6.

2 Das Wort »Ferry« lässt sich auf der Karte 3 Mal zählen.

3 Haben Sie auch an die »2« beim Maßstab gedacht? Die Ziffer 2 ist 3 Mal auf dem Kartenausschnitt zu sehen.

4 Der Lake Erie ist lediglich der viertgrößte der fünf »Großen Seen«.

5 Der Song »Blackbird« (»Amsel«) wurde von Paul McCartney geschrieben und von den Beatles 1968 auf dem Doppelalbum »The Beatles« (bekannt als »The White Album«) veröffentlicht.

6 Freitag sucht natürlich seinen Gefährten »Robinson«. Bei der Robinson Street im linken Bereich der Karte ist er links nicht ganz sichtbar.

7 Haben Sie »Lover's Retreat« entdeckt? Dann nichts wie hin!

8 Das einzige bekannte Obst auf der Karte ist eine »Cherry« – eine »Kirsche«.

9 Der 3. Präsident der Vereinigten Staaten von Amerika war Thomas Jefferson, der von 1743 bis 1826 lebte.

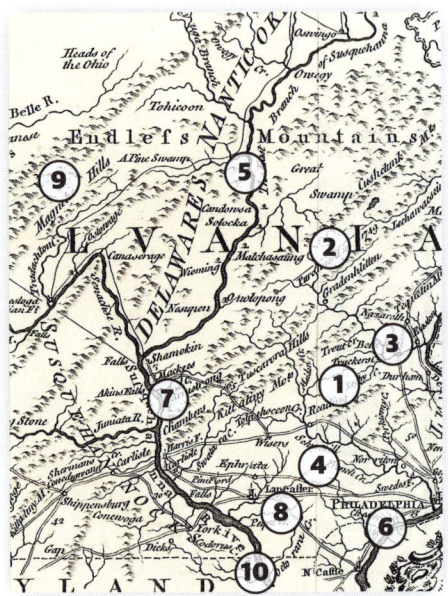

Zu Seite 134 | Durch die Wälder von Pennsylvania

1 Echte »Trucker«, also Fernfahrer, gab es zu der Zeit, als diese Karte erstellt wurde, natürlich noch nicht, jedoch steckt ein Trucker in einer Ortsbezeichnung.

2 Auf der Karte steht »Purchased in 1749« – »Erworben 1749«.

3 Die Stadt Nazareth in Pennsylvania gibt es auch heute noch. In der Region Lehigh Valley haben mehrere Städte biblische Namen.

4 Mit »French« werden im Englischen die Franzosen bezeichnet.

5 »The East« liegt auf der Karte nicht wie vielleicht vermutet rechts, sondern zentral im oberen Bereich.

6 PIP HILLAHEAD finden Sie in Philadelphia, der größten Stadt Pennsylvanias.

7 Es war Neil Armstrong, der am 21. Juli 1969 als erster Mensch die Mondoberfläche betrat.

8 Für seine Rolle in »Elmer Gantry« (1960) erhielt Burt Lancaster den Oscar als bester Hauptdarsteller.

9 Eine hohe Anziehungskraft suchen Sie am besten bei den »Magnetic Hills«, den »magnetischen Hügeln«.

10 Haben Sie den »Octo« gefunden?

Zu Seite 136 | Wildwest-Romantik in Kalifornien

1 Die frühere Stadt Washington in Yolo County, Kalifornien, wurde später in Broderick umbenannt.

2 Sicherlich haben Sie »The Park« rasch entdeckt.

3 Der Kings River – der »Königsfluss« – ist ein rund 200 km langer Fluss in Kalifornien. Er entspringt in der Sierra Nevada.

4 Das englische Wort »to paint« bedeutet »malen«.

5 »Purissima« ist Lateinisch und bedeutet »am reinsten«.

6 Die Stadt San Buenaventura erhielt ihren Namen vom heiligen Bonaventura, der von 1221 bis 1274 lebte. Heute heißt die Stadt nur noch Ventura.

7 Haben Sie »spinosa« gefunden? Das klingt wie der niederländische Philosoph Baruch de Spinoza (1632–1677).

8 »Pass« lässt sich auf der Karte 4 Mal zählen.

9 »Santa« gibt es 7 Mal – der berühmte Santa Claus fehlt allerdings.

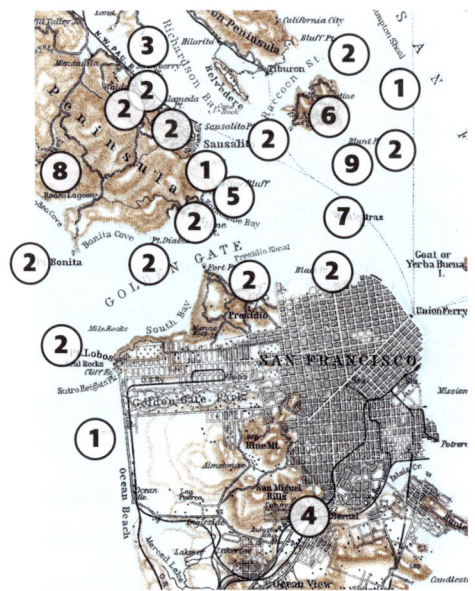

Zu Seite 138 | Going to San Francisco

1 Die Angabe »10 m« lässt sich auf der Karte 3 Mal lesen.

2 Insgesamt befindet sich auf der Karte 12 Mal ein »Pt.«.

3 Das englische Wort für Erdbeere lautet »Strawberry« – zum Beispiel »Strawberry Fields Forever« von den Beatles!

4 Sunnyside – die Sonnenseite – befindet sich bei den San Miguel Hills.

5 Haben Sie die Horseshoe Bay – die Hufeisen-Bucht – entdeckt?

6 Dieser Eintrag stammt noch aus den Zeiten von 1891 bis 1946, als sich auf Angel Island eine Quarantänestation für asiatische Einwanderer befand. Heute ist die gesamte Insel ein Naturschutzgebiet.

7 Alcatraz diente von 1934 bis 1963 als berüchtigte Gefängnisinsel. Heute ist die Insel ein beliebtes Sightseeing-Ziel für Touristen.

8 Das Rodeo stammt ursprünglich aus Brasilien, ist aber auch bei den amerikanischen Cowboys sehr beliebt.

9 James Blunt wurde 1974 in Großbritannien geboren und erlangte nach seiner Zeit als Offizier beim Militär Weltruhm als Sänger.

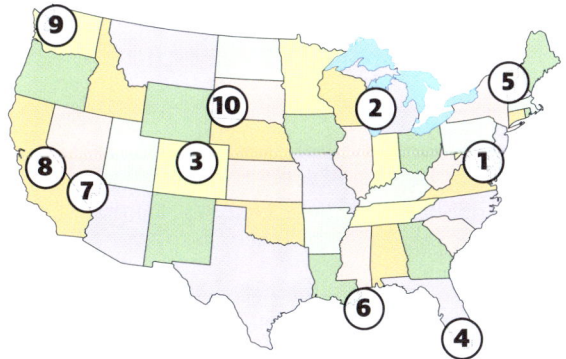

Zu Seite 140 | Wo liegt was in den USA?

1 Die Hauptstadt der USA ist Washington, D.C. Die Abkürzung »D.C.« steht für »District of Columbia«.

2 Der Michigansee ist der einzige der fünf »Großen Seen«, der vollständig in den USA liegt.

3 Denver ist die Hauptstadt des US-Bundesstaats Colorado. Die ehemalige Goldgräbermetropole liegt am Fuß der Rocky Mountains.

4 Die Everglades sind ein tropisches Feuchtgebiet im Süden des US-Bundesstaats Florida.

5 Der mit dem Pfeil markierte US-Bundesstaat ist Vermont – einer der Staaten von Neuengland. Hier genießen viele wohlhabende Städter eine Auszeit inmitten der Natur.

6 Der über 3700 km lange Mississippi River mündet südöstlich von New Orleans, der größten Stadt im US-Bundesstaat Louisiana, in den Golf von Mexiko.

7 Las Vegas im Süden von Nevada lockt jedes Jahr über 40 Millionen Besucher an – unter anderem durch seine vielen Casinos und lockeren Heiratsgesetze.

8 Der Yosemite National Park ist ein über 3000 Kilometer großer Nationalpark in Zentralkalifornien.

9 Seattle liegt im Nordwesten der USA nahe der kanadischen Grenze im US-Bundesstaat Washington.

10 Folgende vier Präsidenten sind im 1941 fertiggestellten Mount Rushmore National Memorial in South Dakota verewigt: George Washington, Thomas Jefferson, Theodore Roosevelt und Abraham Lincoln.

Zu Seite 142 | Skyline-Rätsel: Big Cities der USA

1 Houston wurde 1836 gegründet und nach dem texanischen General und Politiker Samuel Houston (1793–1863) benannt.

2 Los Angeles, kurz: L.A., ist die größte Stadt in Kalifornien und – nach New York City – die zweitgrößte Stadt der USA. Das »Hammer Museum« ist ein renommiertes Kunstmuseum.

3 Der Name der amerikanischen Stadt Miami stammt vom indianischen Wort »Mayaimi«, das »großes Wasser« bedeutet. Miami beherbergt unter anderem viele kubanische Einwanderer.

4 Das im Norden der USA gelegene Detroit ist der Sitz mehrerer amerikanischer Großunternehmen wie General Motors. Bemerkenswert: Mehr als vier Fünftel der Bewohner Detroits sind Afroamerikaner.

5 In Dallas spielen die »Dallas Cowboys« in der NFL, der amerikanischen Profiliga im American Football.

6 Die Potawatomi-Indianer nannten das Marschland, auf dem Chicago erbaut wurde »Checagou«.

7 Philadelphia war von 1790 bis 1800 die zweite Hauptstadt der USA nach dem Inkrafttreten der Verfassung – nach New York City (1789–1790) und vor Washington, D.C. (seit 1800).

8 Der Mystic River, der in den Naturhafen von Boston mündet, ist nur 11 km lang. Er ist Namensgeber des Romans »Mystic River« von Dennis Lehane, der von Clint Eastwood verfilmt wurde.

9 »America's Finest City« ist der Spitzname der kalifornischen Stadt San Diego, die nur etwa eine halbe Stunde nördlich der mexikanischen Metropole Tijuana liegt.

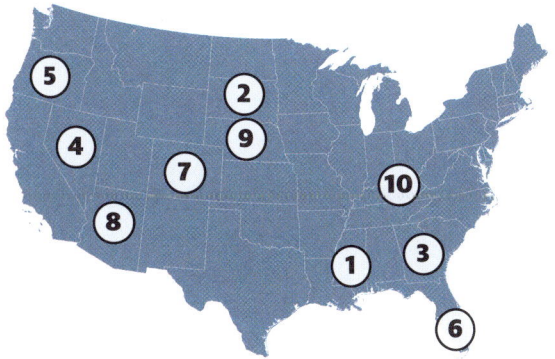

Zu Seite 144 | Vereinigte Staaten in Umrissen

1 C Seinen Namen hat der US-Bundesstaat Mississippi vom Fluss Mississippi – in der Indianersprache bedeutet der Name »großes Wasser«.

2 G South Dakota erhielt – wie North Dakota – seinen Namen aufgrund der Dakota-Indianer, einer Stammesgruppe der Sioux.

3 A Der »Peach State« (Pfirsich-Staat) Georgia wurde 1732 als letzte der dreizehn Kolonien gegründet.

4 J Die größte Stadt des US-Bundesstaats Nevada ist eine der berühmtesten Städte der USA: Las Vegas.

5 B Der US-Bundesstaat Oregon liegt im Nordwesten der USA am Pazifik zwischen Washington und Kalifornien.

6 F Florida ist der »Sunshine State« im Südosten der USA. Außer viel Sonne gibt es hier allerdings auch viele Hurrikans.

7 I Namensgeber des US-Bundesstaats Colorado ist der Colorado River, der seinen Namen von den ersten spanischen Siedlern wegen der rötlichen Schlammfärbung erhielt.

8 D Im US-Bundesstaat Arizona liegt der Grand Canyon, eine rund 450 km lange Schlucht, die als eines der größten Naturwunder der Erde gilt.

9 H Der US-Bundesstaat Nebraska ist vor allem für seine Landwirtschaft bekannt. Er erhielt daher den Beinamen »Maisschäler-Staat«.

10 E Kentucky trägt wegen seiner blaugrün blühenden Weiden den Spitznamen »Bluegrass State«. Die Hauptstadt heißt Frankfort.

BILDNACHWEIS